EVI WAGNER

GLÜCK

Rezepte für mehr Lebensfreude

EVI WAGNER

GLÜCK

Rezepte für mehr LEBENSFREUDE

BUCH- UND KUNSTVERLAG OBERPFALZ

Bibliografische Information der Deutschen Nationalbibliothek

Die Deutsche Nationalbibliothek verzeichnet diese Publikation in der Deutschen Nationalbibliografie; detaillierte bibliografische Daten sind im Internet über http://dnb.dnb.de abrufbar.
ISBN 978-3-95587-091-1

MIX
Papier aus verantwortungsvollen Quellen
FSC® C014138
FSC www.fsc.org

Für uns, die Battenberg Gietl Verlag GmbH mit all ihren Imprint-Verlagen, ist Nachhaltigkeit ein wichtiger Teil unserer Unternehmensphilosophie. Daher achten wir bei allen unseren Produkten auf den Einsatz umweltschonender Ressourcen und Materialien.
Dieses Buch wurde auf FSC®-zertifiziertem Papier gedruckt. FSC (Forest Stewardship Council®) ist eine nicht staatliche, gemeinnützige Organisation, die sich für die verantwortungsvolle und ökologische Nutzung der Wälder unserer Erde einsetzt.

Unsere Partnerdruckerei kann zudem für den gesamten Herstellungsprozess nachfolgende Zertifikate vorweisen:
- Zertifizierung für FOGRA PSO
- Zertifizierungssystem FSC®
- Leitlinien zur klimaneutralen Produktion (Carbon Footprint)
- Zertifizierung EcoVadis (die Methodik besteht aus 21 Kriterien in den Bereichen Umwelt, Einhaltung menschlicher Rechte und Ethik)
- Zertifikat zum Energieverbrauch aus 100% erneuerbaren Quellen
- Teilnahme am Projekt „Grünes Unternehmen" zum Schutz von Naturressourcen und der menschlichen Gesundheit

1. Auflage 2022
ISBN 978-3-95587-091-1

www.battenberg-gietl.de

Evi Wagner begibt sich seit einigen Jahren immer wieder auf die Suche nach dem Glück. Ihre Glücksrezepte erscheinen regelmäßig in der Oberpfälzer Wochenzeitung (OWZ) und haben schon vielen Lesern dabei geholfen, mehr Freude in ihr Leben zu bringen. Denn Glück ist keine Glückssache, davon ist die freie Journalistin und Autorin aus Amberg fest überzeugt. Ihr ganz persönliches Glück findet sie in ihrem Garten, bei Waldspaziergängen mit ihrem Hund, am und im Wasser und mit Freunden im Biergarten.

INHALT

GLÜCK – WAS IST DAS EIGENTLICH?

„Vergiss nicht – man braucht nur wenig, um ein glückliches Leben zu führen." Das wusste schon der römische Kaiser Marc Aurel. Doch leider vergessen das die Menschen seit fast zwei Jahrtausenden immer wieder. Viele vernachlässigen ihr kleines Glück, während sie auf das große warten. Einen Lottogewinn zum Beispiel.

Denn leider hält sich auch heute noch hartnäckig das Gerücht, Glück sei gleichzusetzen mit Reichtum. Ein fataler Irrtum. Längst hat die Glücksforschung herausgefunden: Luxus macht genauso wenig glücklich wie Geld. Nicht der, der viel hat, lebt zufriedener, sondern der, der seine Erwartungen senken kann. Denn Glück ist nicht käuflich – und meist braucht es gar nicht viel, um wirklich glücklich zu sein.

Oft sind es die kleinen Dinge, die uns glücklich machen. Wir müssen nur wieder lernen, diese bewusst zu genießen. Die duftende Tasse Kaffee am Morgen zum Beispiel, das spannende Projekt in der Arbeit, den entspannten Spaziergang nach Feierabend, das leckere Essen beim Lieblingsitaliener, das lustige Treffen mit alten Freunden, das duftende Schaumbad mit einem guten Buch. Alle diese Dinge können jeden Tag Glück in unser Leben bringen, das Glück der kleinen Dinge nämlich.

Und das kleine Glück hat viele Gesichter.

Und die sind wohl so unterschiedlich wie die Menschen selbst. Und das Beste: Dafür brauchen wir keinen Lottogewinn. Es kostet keine Gebühren, den herrlichen Sonnenuntergang anzuschauen oder einen Liegestuhl am Seeufer aufzustellen. Das kleine Glück ist meistens sogar ganz kostenlos zu haben.

Eine Art des Glücks, die meistens auch rein gar nichts kostet: der Flow. Zu so einem Zustand kommt es immer dann, wenn wir uns völlig einer Aktivität widmen, so dass wir nicht nur die Zeit komplett vergessen, sondern auch das, was um uns herum passiert. Wir erleben den Augenblick absolut intensiv, kommen ins „Fließen". Das kann beim Schreiben passieren, beim Malen oder beim Basteln, beim Schrauben, beim Garteln oder beim Klettern ... Es kommt einfach darauf an, was wir gerne tun.

Was wir uns ebenfalls öfter gönnen sollten: Zeit mit Menschen, die wir lieben, die uns guttun, denen wir vertrauen, mit denen wir so richtig Spaß haben können. Denn so wichtig es auch ist, mal Zeit für uns selbst zu haben, so glücklich macht es uns eben auch, schöne Momente zu teilen.

Das größte Glück ist es jedoch, unser Leben mit einem Sinn zu erfüllen.

„Ikigai" nennen das die Japaner. Das bedeutet: etwas finden, für das es sich zu leben lohnt. Ob es nun darum geht, anderen Menschen zu helfen, sich für die Umwelt einzusetzen, Kinder großzuziehen, Schülern etwas beizubringen, Kunst zu schaffen oder einen Familienbetrieb zu erhalten – die Motivation, die aus unserem Leben etwas Besonderes macht, kann bei jedem von uns eine ganz andere sein. Wichtig ist nur, diese zu finden.

Gönnen Sie sich ruhig alle verschiedenen Arten des Glücks, denn Glück kann man schließlich nie genug haben.

Und vergessen Sie das mit dem Lottogewinn.

ALLTAGS GLÜCK

EINE TASSE KAFFEE

„Die beste Methode, sein Leben angenehm zu verbringen, ist guten Kaffee zu trinken." Das erkannte Schriftsteller Jonathan Swift schon vor einigen Jahrhunderten. Kaffee ist inzwischen nicht nur ein wichtiger Teil unserer westlichen Kultur, sondern macht auch noch glücklich.

„I never laugh until I've had my coffee", sagte auch US-Schauspiel-Ikone Clark Gable. „Ich lache nie, bis ich meinen ersten Kaffee getrunken habe." Und er ist wohl nicht der Einzige, dem eine Tasse des duftenden Heißgetränks ein Lächeln ins Gesicht zaubert. Denn Kaffee ist nicht nur ein wahrer Genuss, sondern macht auch noch glücklich. Und zwar nicht nur deswegen, weil er oft in Gesellschaft netter Leute und lieber Freunde getrunken wird.

Wissenschaftler der berühmten Harvard School of Public Health in den USA haben herausgefunden: Schon drei Tassen Kaffee am Tag senken nachweislich Stress und verringern innere Unruhe. Koffein regt im Gehirn die Ausschüttung der Glückshormone Endorphin, Serotonin und Dopamin an. Diese Botenstoffe muntern uns auf und steigern außerdem die Konzentrationsfähigkeit. Außerdem stecken noch andere Glücklich-Macher in jeder Tasse Kaffee: die sogenannten Antioxidantien. Diese schützen unsere Körperzellen, indem sie freie Radikale binden.

Espresso, Latte Macchiato oder einfach nur schwarz – wie mögen Sie Ihren Kaffee eigentlich am liebsten? Ganz egal, wie Sie ihn letztendlich trinken: Schon einige Tassen am Tag genügen, damit die Wahrscheinlichkeit sinkt, dass Sie depressiv werden. Auch das ist auf die oben genannten Antioxidantien zurückzuführen. Doch Cappuccino und Co. heben nicht nur deutlich die Laune, sondern machen auch noch fit – sowohl körperlich als auch geistig.

Die gute Nachricht ist: Auch wenn Kaffee als milde Droge gilt und die Stimmung aufhellt, macht er nicht abhängig. Unser liebstes Heißgetränk macht jedoch nicht nur glücklich und befreit von Stress, es ist außerdem der perfekte Türöffner für Verliebte. Laut einer Studie des Deutschen Kaffee-Verbandes treffen sich 70 Prozent der deutschen Singles zum ersten Date „auf einen Kaffee".

So trinken wir unseren Kaffee am liebsten:

1. Platz: Filterkaffee
80 Prozent der Deutschen schwören immer noch auf ihren Filterkaffee.

2. Platz: Cappuccino
Milch im Kaffee neutralisiert die Bitternoten, 33 Prozent lieben ihren Cappuccino.

3. Platz: Espresso
Klein und heiß: Für 20 Prozent ist der Espresso ihr Lieblingskaffee.

(Quelle: Zombie-Kaffee)

Beim köstlichen Duft der aufgebrühten braunen Bohne lassen sich eben besonders gut neue Kontakte knüpfen – und alte vertiefen. Auf was warten Sie also noch? Werfen Sie Ihre Kaffeemaschine an oder machen Sie sich auf den Weg ins nächste Café, um alte Freunde oder eine neue Liebe zu treffen. Denn häufig muss man das Glück gar nicht lange suchen, man findet es einfach in der nächsten Kaffeetasse.

EINEN SPAZIERGANG MACHEN

„Gedanken wollen oft, wie Kinder und Hunde, dass man mit ihnen im Freien spazieren geht", sagte einmal Dichter Christian Morgenstern. Tatsächlich ist ein Spaziergang nicht nur eine wunderbare Möglichkeit, den Kopf frei zu bekommen oder in Ruhe neue Ideen zu entwickeln, sondern macht auch noch richtig glücklich.

Wann sind Sie eigentlich zum letzten Mal spazieren gegangen? Nein, ich meine nicht den Weg zu Fuß zum Bäcker, zur Post oder zum Auto. Denn ein Spaziergang ist nur dann ein Spaziergang, wenn man ohne einen bestimmten Anlass oder ein konkretes Ziel nach draußen geht und dort zu Fuß eine Runde dreht. „Es gehört zum Begriff des Spazierengehens, dass man keinen ernsthaften Zweck damit verbindet", sagte der preußische Gelehrte Wilhelm von Humboldt.

Und wahrscheinlich gerade deswegen, weil das gemütliche Schlendern keinen Grund und kein Ziel braucht, tut es uns so gut. Sie haben heute noch nichts vor? Dann gönnen Sie sich doch einen langen Spaziergang an der frischen Luft. Auch bei Regen ist das übrigens eine hervorragende Idee. „Es gibt kein schlechtes Wetter, es gibt nur die falsche Kleidung", wusste schon unsere Großmutter. Inzwischen weiß man sogar: Der Geruch von Regen, der auf die Erde fällt, wirkt hervorragend gegen Stress. Dieser hat sogar einen eigenen Namen. „Petrichor" nannten australische Wissenschaftler

diesen ganz besonderen Duft. Außerdem hat das Prasseln der Regentropfen eine enorm beruhigende Wirkung. Vergessen Sie nur Gummistiefel und Regenjacke nicht. Sie werden merken, wie schnell Sie sich aktiver und munterer fühlen.

Ein Spaziergang geht immer, ist leicht zu machen und kostet rein gar nichts.

Außer vielleicht ein bisschen Überwindung, wenn Sie mal wieder zu lange auf dem Sofa gesessen haben. Sie brüten über einem Problem und finden einfach keine Lösung? Auch dann sollten Sie am besten einen Spaziergang machen. Ihr Gehirn wird Ihnen die Pause danken und Sie werden schneller zu einer Lösung kommen als gedacht. Denn das Spazierengehen kann unsere Gedanken gegenüber Dingen öffnen, die nicht zu unserer täglichen Routine gehören.

Diese Art der Abwechslung eröffnet neue Perspektiven. Seien Sie ehrlich: Wann kann man schon besser ungestört seine Gedanken schweifen lassen als bei einem gemütlichen Bummel im Freien? Worauf warten Sie also noch? Raus mit Ihnen – denn das Glück wartet schließlich nicht in geschlossenen Räumen. Sie finden es viel eher bei Ihrem nächsten Spaziergang.

» Das ist ja gerade das Schöne am Gehen: Es ist denkbar einfach. Man steht auf, macht den ersten Schritt – und siehe da, schon geht man. Es braucht dazu im Prinzip keinerlei Zeug. «

Bertram Weisshaar, Spaziergangsforscher

DURCH DEN WALD SCHLENDERN

„Shinrin Yoku" sagen die Japaner, das bedeutet: ein Bad in der Waldluft nehmen. Die gute Nachricht ist: Sie brauchen gar kein Wellnesshotel, wenn Sie sich wieder einmal etwas Gutes tun möchten. Dafür reicht auch ein Aufenthalt unter Bäumen.

„Frieden findet man nur in den Wäldern", soll Michelangelo einmal gesagt haben. Zieht es Sie auch regelmäßig in den Wald, um den Kopf frei zu bekommen und neue Energie zu tanken? Dann muss ich Ihnen wahrscheinlich gar nicht erzählen, wie gut so ein Waldspaziergang tut. Dieser ist viel mehr als Entspannung, er belebt und erfrischt. Er wirkt sich sogar – und das ist längst auch wissenschaftlich erwiesen – positiv auf den Herzschlag, die Atmung, ja auf den gesamten Körper und die Psyche aus.

Oft fühlen wir uns schon nach einigen Minuten unter grünen Bäumen wie neu geboren.

Die Japaner wissen schon lange, wie glücklich und gesund ein Aufenthalt im Wald macht. „Shinrin Yoku" sagen sie dazu, was so viel bedeutet wie: ein Bad in der Waldluft nehmen. Der Umwelt-Immunologe Dr. Quin Li gilt als der Experte des Waldbadens, über 30 Jahre hat er die heilsame Wirkung des Waldes erforscht. Er sagt: „Dass es für Menschen unglaublich wohltuend sein kann, Zeit mit Bäumen zu verbringen, ist keineswegs eine rein japanische Entdeckung. Überall auf der Welt ist dieses Wissen seit Anbeginn der Zeit intuitiv vorhanden."

Gerade in unserer schnelllebigen Zeit schätzen immer mehr Menschen wieder lange Spaziergänge im Wald.

Denn: „Zeit in der Natur zu verbringen, das ist erwiesen, hilft beim Entspannen – ein unschätzbarer Gewinn in einem Zeitalter, in dem Stress zur Epidemie geworden ist", so Dr. Quin Li. „Wenn wir

gestresst sind, setzt der Kampf- oder Flucht-Mechanismus ein, der Blutdruck steigt und das Herz schlägt schneller. In akuten kritischen Situationen ist das von Vorteil, doch wenn wir ständig unter Hochspannung stehen, hat das langfristig verheerende Auswirkungen auf unseren Körper. Zeit im Wald zu verbringen, senkt den Blutdruck und die Herzfrequenz."

Versuchen Sie es am besten einfach selbst einmal.

Denn es ist gar kein kostspieliger Aufenthalt in einem Spa oder Wellnesshotel nötig, wenn Sie sich einmal wieder etwas Gutes tun wollen. Der Wald ist für jeden da – und das auch noch kostenlos und zu jeder Tageszeit. Atmen Sie tief ein, lassen Sie die herrliche Luft und das Grün der Bäume auf sich wirken. Dann werden Sie schnell merken: Wald macht tatsächlich glücklich.

EIN FREIES WOCHENENDE

„Meine Definition von Glück: keine Termine und leicht einen sitzen", meinte einmal Entertainer Harald Juhnke. Sie müssen sich jetzt aber nicht gleich betrinken. Oft genügt es schon, sich ein Wochenende ohne Verpflichtungen zu gönnen.

„Endlich Wochenende! Endlich mal wieder ausschlafen, endlich mal wieder Zeit für mich haben ..." Wachen Sie samstags auch manchmal mit diesem Gedanken auf? Und müssen dann leider sehr bald feststellen, dass die Freude nicht lange anhält? Denn schon bald darauf fällt Ihnen ein: „Ich muss unbedingt noch einkaufen, die Belege für die Steuererklärung sortieren, die Wäsche waschen, kochen, den Schrank ausräumen, im Garten Ordnung schaffen ..." War es das jetzt schon wieder mit der Freude auf das Wochenende? Nein, das muss nicht sein.

Gönnen Sie sich doch einfach mal ein Wochenende ganz ohne Stress. Ja, das geht.

Dafür müssen Sie sich nur einige Ratschläge zu Herzen nehmen. Der erste lautet: Machen Sie keinen einzigen Termin, weder für Freitagabend, noch für Samstag oder Sonntag. Nein, keinen einzigen. Und zwar ganz bewusst. Denken Sie daran: Dieses Wochenende gehört ausnahmsweise Ihnen ganz allein. Und Sie entscheiden, was Sie machen möchten. Dabei genügt es oftmals schon, wenn Sie nicht immer andere über Ihre eigenen Wünsche stellen. Wenn Sie ein freies Wochenende ohne Verpflichtungen haben möchten, planen Sie es einfach ein. Schreiben Sie es sich am besten ganz dick in Ihren Kalender. Sie haben eben mal keine Zeit. Sie müssen sich auch nicht dafür rechtfertigen. Punkt.

Überlegen Sie sich schon mal, was Sie an Ihrem freien Wochenende gerne tun würden. Schlafen? Faulenzen? Im Bett frühstücken? Ein Buch lesen? Einen Film sehen? Lange in der Badewanne liegen? Ein Museum besuchen? Einen schönen Spaziergang machen? Einfach nur Löcher in die Luft starren? Spüren Sie schon die Vorfreude? Was Sie dann tatsächlich davon umsetzen, entscheiden Sie einfach spontan.

Schalten Sie mal so richtig ab. Und zwar auch Telefon, Smartphone, Computer, Türklingel – oder was auch immer Sie an Ihrem freien Wochenende stören könnte. Das gilt übrigens auch für Ihr schlechtes Gewissen, denn ein solches müssen Sie nun wirklich nicht haben. Gehen Sie schon am Donnerstag einkaufen, sollte dann doch noch etwas fehlen, haben Sie immer noch die Möglichkeit, essen zu gehen oder einen Lieferservice zu rufen. Und dann können Sie auch endlich sagen: „Endlich Wochenende, endlich mal wieder Zeit für mich!"

IM GRAS LIEGEN

„Hach ja, der Rasen muss dringend gemäht werden …" Ist das das Erste, was Ihnen beim Thema Gras in den Sinn kommt? Dann wird es Zeit, ab jetzt anders zu denken.

Machen Sie doch einfach mal die Augen zu und stellen Sie sich eine grüne Wiese vor. Die Sonne scheint, die Vögel zwitschern, bunte Schmetterlinge fliegen um Sie herum. Es gibt wohl nichts Schöneres, als einfach nur im Gras zu liegen und den Tag zu genießen. Den Duft der grünen Halme und bunten Blüten einzuatmen und in den blauen Himmel zu schauen.

Leider tun wir das viel zu selten. Stattdessen sind wir dauernd mit etwas anderem beschäftigt – wie eben zum Beispiel damit, den Rasen zu mähen. Dabei sind Auszeiten wichtig für das Gehirn. „Dieses braucht Zeiten der Muße und des Müßiggangs", schreibt auch Kognitionswissenschaftler Andrew Smart in seinem Buch „Öfter mal auf Autopilot. Warum Nichtstun so wichtig ist". Chronische Geschäftigkeit nämlich macht alles andere als glücklich.

Also tun Sie doch endlich einmal wieder nichts. Oder besser gesagt: Liegen Sie einfach nur im Gras.

Denn das macht gleich doppelt glücklich. Sie können dabei nicht nur Ihre Gedanken frei schweifen lassen, Erlebtes unbewusst verarbeiten und sich dem Moment hingeben. Dazu kommt das Grün um Sie herum, das tut erwiesenermaßen Körper und Seele gut. Glücksforscher haben herausgefunden: Schon allein Pflanzen anzuschauen wirkt beruhigend, senkt den Blutdruck – und lindert sogar Schmerzen.

An der frischen Luft werden Stress und Ängste abgebaut, das Grün der Natur sorgt wie ein natürliches Antidepressivum für gute Laune, Zufriedenheit und Gelassenheit. „Wenn Sie im Gras liegen, kommen Sie mit der Erde in Berührung, ohne ihr zu schaden", schreibt Tom Hodgkinson in „Das Buch der hundert Vergnügungen". „Der Weg zur Rettung unseres Planeten besteht darin, damit aufzuhören, ihn anzugreifen, weshalb einfach darauf zu liegen ein radikaler Akt der Heilung ist."

Im Gras liegen macht also nicht nur glücklich, sondern auch niemanden unglücklich. Ist das nicht einfach herrlich?

URLAUB AUF BALKONIEN

Sie wollen sich einmal wieder so richtig erholen? Vergessen Sie Italien, Andalusien oder Patagonien. Gönnen Sie sich lieber wieder mal entspannte Tage auf Balkonien.

„Der Balkon. Eine Frischluftoase. Ausguck für Horizontsucher. Plattform für Sterndeuter. Luxus-Suite für Stadtbewohner. Und: Urlaubsland. Ein Ferienparadies, in dem Sie sich wirklich zu Hause fühlen können. Wo man Sie kennt und Ihre Sprache spricht. Ein Ort, der leicht erreichbar ist und doch nicht überlaufen." So beschreibt Balkonien-Kenner Burkhard Müller-Ullrich in seinem Marco-Polo-Reiseführer dieses herrliche Reiseziel.

Um nach Balkonien zu gelangen, müssen Sie nicht erst eine stundenlange, anstrengende Autofahrt auf sich nehmen oder ins Flugzeug steigen. In nur einer Minute sind Sie dort – und das, wann immer Sie möchten. Sie können sogar Ihren Hund mitnehmen. Und Sie müssen außerdem keine schweren Koffer schleppen oder sich groß um den Reiseproviant Gedanken machen. Denn alles, was Sie brauchen, finden Sie nur eine Tür entfernt.

Ziehen Sie also Ihre bequemsten Klamotten an, entledigen Sie sich Ihrer Schuhe und erklimmen Sie den Liegestuhl auf Balkonien. Schon kann die grenzenlose Entspannung beginnen. „Ein Traumland auf unbegrenzte Zeit, ein intensives Wochenende oder den ganzen, schönen Sommer lang, wo das Essen wie zu Hause schmeckt und die Getränke immer gut gekühlt sind. Lassen Sie sich von Balkonien verzaubern." Hören Sie auf den Rat von Burkard Müller-Ullrich, legen Sie Ihre Beine hoch und genießen Sie.

Und freuen Sie sich, dass Sie Ihr liebstes Ziel für das Wochenende, die Ferien oder den freien Tag gefunden haben. Denn hier müssen Sie sich nun wirklich keine Sorgen machen, ob Ihr Portemonnaie von Taschendieben geklaut wird – oder darüber, ob Sie beim Geldwechseln über das Ohr gehauen werden. Es besetzt auch niemand Ihre Sonnenliege oder wirft Ihnen einen Wasserball an den Kopf. Sie allein haben die Staatshoheit, machen Ihre eigenen Gesetze und entscheiden, was in Ihrem Urlaubsland passiert.

» Auf Balkonien ist alles inklusive. «

Burkhard Müller-Ullrich, Balkonien-Kenner

Auf Balkonien herrscht Handyverbot? Keine schlechte Idee. Alltagssorgen erhalten keine Einreisegenehmigung? Wunderbar, ganz wie Sie wünschen. Gut, eins können Sie auch hier nicht selber machen: das Wetter. Aber wenn es regnet, reisen Sie eben einfach ab. Denn Sie sind ja ganz schnell wieder da, wenn die Sonne wieder scheint. Ganz ohne Reisestress und langen Flug. Was für ein Glück!

EIN NICKERCHEN MACHEN

„Von all den kostenlosen Vergnügungen, die uns zur Verfügung stehen, ist das Nickerchen das einfachste und befriedigendste", schreibt Tom Hodkinson in seinem „Buch der hundert Vergnügungen". Wo er recht hat, hat er recht.

Traditionell zur Mittagszeit gehalten, ist dieses in südlichen Ländern, wo es gerne als Siesta bezeichnet wird, immer noch alltägliche Wirklichkeit und gehört ganz selbstverständlich zur Tagesordnung. In unserer modernen Leistungsgesellschaft hingegen sieht das inzwischen leider ganz anders aus. Die kurze Ruhepause in der Mittagszeit oder das Nickerchen zwischendurch haben nur noch wenige Anhänger. Dabei sprechen viele Gründe durchaus dafür, sich auch tagsüber öfter mal aufs Ohr zu legen.

Denn die positive Wirkung, die ein kurzer Schlaf zwischendurch hat, sollte tatsächlich nicht unterschätzt werden. Das sogenannte Powernapping, wie das Nickerchen heute auch gerne bezeichnet wird, fördert nicht nur die Konzentrationsfähigkeit, sondern auch die Kreativität. Weiterhin belegen zahlreiche Studien: Häufiger mal ein kurzes Schläfchen reduziert außerdem das Gewicht, denn müde Menschen haben einen größeren Appetit auf fette und süße Lebensmittel.

Weiterhin macht es richtig gute Laune – denn es steigert die Konzentration von Serotonin im Blut. Schlafforscher haben weiterhin festgestellt: Ein Nickerchen zwischendurch kann sowohl die Erinnerungsfunktion als auch das Kurzzeitgedächtnis verbessern. Gleichzeitig wird das Risiko für Herz-Kreislauf-Erkrankungen um bis zu 60 Prozent gesenkt. Vorausgesetzt, Sie gönnen sich den Mittagsschlaf regelmäßig.

Für die erholsame Wirkung müssen Sie übrigens gar nicht unbedingt im Liegen schlafen. Wichtig ist nur, dass der Kopf gestützt wird. Bett oder Sofa verführen oft nur dazu, zu lange zu schlafen. Das Nickerchen zwischendurch sollte idealerweise zwischen 20 und 30 Minuten, jedenfalls nicht länger als eine Stunde dauern. Die optimale Zeit fürs Mittagsschläfchen ist zwischen 13 und 14 Uhr – und am besten nach dem Essen.

» Halte Dir jeden Tag dreißig Minuten für deine Sorgen frei und mache in dieser Zeit ein Nickerchen. «

Abraham Lincoln, 16. Präsident der Vereinigten Staaten von Amerika und Nickerchen-Befürworter

Noch ein weiterer guter Grund für ein Nickerchen zwischendurch: Wer sich am Tage keine Ruhephasen gönnt und auch abends nur schwer vom Alltag abschalten kann, kann Stress häufig nicht richtig verarbeiten. Sie wollen das vermeiden? Dann legen Sie sich doch nach dem Lesen dieses Kapitels doch erst einmal ein halbes Stündchen aufs Ohr. „Ich kann mich doch jetzt nicht einfach hinlegen", sagen Sie vielleicht. Warum denn nicht? Ich wünsche Ihnen schon mal eine angenehme Tagruhe und wohltuenden Schlummer.

MOMENTE SAMMELN

Münzen, Briefmarken oder Schallplatten – was sammeln Sie eigentlich? Extrem platzsparend und auch für Minimalisten geeignet ist das Sammeln schöner Momente. Diese kosten meistens rein gar nichts und machen auch noch so richtig glücklich.

Setzen Sie sich am besten mal ganz entspannt hin, legen Sie die Füße hoch und denken Sie kurz nach: Über was haben Sie sich heute schon gefreut? Vielleicht fällt Ihnen spontan die Morgensonne ein, die beim Aufwachen durch Ihr Fenster schien. Oder das Frühstück, das Ihnen der oder die Liebste liebevoll zubereitet hat. Oder die nette Mail der Kollegin, auf die Sie sich immer verlassen können, wenn Sie mal schnell Hilfe bei einer gerade scheinbar unlösbaren Aufgabe brauchen.

Wenn Sie sich etwas Zeit nehmen und in Ruhe nachdenken, fallen Ihnen bestimmt immer mehr schöne Momente und Menschen ein, die Sie in letzter Zeit zum Lächeln gebracht haben.

Der nette Nachbar vielleicht, der wieder einmal ein Paket für Sie angenommen und es auch noch vorbeigebracht hat. Der schöne Ausflug an den See am letzten Wochenende. Oder Ihr Hund, der Sie gerade eben schon wieder freudig wedelnd an der Wohnungstür begrüßt hat. „Es sind selten ganze Tage, die eine Erinnerung wert sind. Es sind vielmehr nur die Momente eines Geschehens", schrieb einmal Publizist Willy Meurer so schön. Meistens sind es doch tatsächlich bestimmte Momente, die uns im Gedächtnis bleiben und das Leben erst so richtig lebenswert machen.

Sammeln Sie doch einfach Ihre persönlichen Glücksmomente. Dann haben Sie immer eine schöne Erinnerung parat, wenn Sie drauf und dran sind, schlechte Laune zu bekommen.

Und ganz schnell wird dann aus dem verkniffenen Gesichtsausdruck wieder ein Lächeln. „Momente lassen sich doch nicht einfach in Alben kleben wie Briefmarken oder Sticker", sagen Sie jetzt vielleicht. Da mögen Sie schon recht haben – vielleicht aber auch nicht. Wie Sie Ihre schönen Momente sammeln, bleibt schließlich ganz alleine Ihnen überlassen.

Schreiben Sie sie auf, machen Sie ein Foto, kleben Sie Erinnerungen – wie zum Beispiel Karten vom grandiosen Konzert oder Blätter, die Sie beim Spaziergang mitgenommen haben – in Ihr persönliches Glücksalbum. Oder speichern Sie Ihre Erinnerungen ganz einfach in Ihrem Gedächtnis ab. Auch da lassen diese sich mit ein bisschen Übung jederzeit hervorholen, wenn Sie wieder ein paar Glückshormone brauchen.

Und glauben Sie mir: Sie müssen auch nie wieder über volle Regale und Schränke schimpfen. Denn diese ganz besondere Sammlung ist nicht nur extrem platzsparend und auch für Minimalisten geeignet, sondern macht außerdem richtig gute Laune. Probieren Sie es aus.

DIE STRICKNADELN SCHWINGEN

„Klack, klack. Klack, klack. Klack, klack." Nur das Geräusch der Stricknadeln ist zu hören, während sich in Ihnen eine herrliche Ruhe ausbreitet und sich Sorgen und Stress in Luft auflösen.

Stricken und Handarbeiten liegen seit einiger Zeit nicht nur wieder absolut im Trend, sondern erzeugen auch eine Menge an Glücksgefühlen. Die Zeiten, in denen man nur auf dem heimischen Sofa die Stricknadeln klackern ließ, sind längst vorbei. Stricken geht nun auch im Café, im Zug, im Wartezimmer – und sogar in Youtube-Videos. Und man schließt sich inzwischen gerne der Meinung von Illustrator und Malermeister Frank Dommenz an, der sagt: „Handarbeit hat Seele."

Dabei müssen wir in unserer modernen Zeit eigentlich schon lange nicht mehr selbst Hand anlegen, wenn wir uns kuschelige Wollsocken oder einen bunten Strickpullover wünschen. Diese sind schließlich in jedem Laden oder Onlineshop zu bekommen. Ich rate Ihnen: Tun Sie es trotzdem. Denn einen schönen Pullover selbst zu stricken, stärkt nicht nur das Selbstbewusstsein, sondern lässt uns außerdem tiefe Befriedigung erfahren. Dazu kommt die beruhigende Wirkung, die das Handarbeiten auf uns hat.

Laut einer neuseeländischen Studie fühlen sich 73 Prozent der Menschen, die regelmäßig stricken, deutlich weniger gestresst. Stricken hat also fast eine meditative Wirkung, senkt nicht nur den Stress-Level, sondern auch den Blutdruck. Und ganz nebenbei können Sie noch Ihre Gedanken besser sortieren. Dadurch, dass das Stricken viel Konzentration und Aufmerksamkeit erfordert, wird weiterhin das Gehirn trainiert.

„Klack, klack. Klack, klack. Klack, klack." Das tut gut, oder? Stricken kann nämlich nicht nur meditativ auf uns wirken, sondern sogar wie Yoga. Hier kennt man diese Technik schon lange: Die Augen mehrmals von links nach rechts zu bewegen, sorgt für Entspannung. Und beim Stricken werden natürlich nicht nur die Nadeln bewegt, sondern auch die Augen.

Und noch was, das glücklich macht:
Wer eine halbe Stunde strickt, baut nicht nur Stress ab, sondern verbrennt sogar 55 Kalorien.

Na, haben Sie nun schon Lust bekommen, auch einmal wieder ein paar Wollknäuel auszupacken und diese in eine Mütze, einen Schal oder ein Paar Strümpfe zu verwandeln? Wenn ja, dann sind Sie garantiert auf dem besten Weg zum Glück. „Klack, klack. Klack, klack. Klack, klack." Stricken Sie sich doch einfach glücklich!

MAL WIEDER EINEN BRIEF SCHREIBEN

„Gute Briefe sind wie gute Freunde", sagte einmal der Schriftsteller Oscar Wilde. Er lebte allerdings in einer Zeit, in der das Briefeschreiben noch zum Alltag gehörte. Keiner ahnte damals schon etwas von Mobiltelefonen, E-Mails, SMS und Sprachnachrichten.

Wollte man damals einem lieben Menschen, der gerade nicht vor Ort war, etwas mitteilen, schrieb man eben einen Brief. Gewöhnlich nahm man sich dafür Zeit, setzte sich in einen gemütlichen Sessel oder an den Schreibtisch, feilte an den richtigen Worten, machte sich Gedanken, wie diese wohl beim Empfänger ankommen würden, ließ diese dann mit Tinte auf das Papier fließen. Man könnte fast sagen, Briefeschreiben war und ist eine sinnliche Angelegenheit.

Warum, frage ich mich, haben wir also aufgehört mit dem Briefeschreiben?

Weil es nun mal viel einfacher und schneller geht, einige Buchstaben in Computer- oder Handy-Tastatur zu tippen und auf „Send" zu drücken? Weil wir dafür kein teures Briefpapier, die passenden Umschläge und Briefmarken kaufen müssen? Weil es eben effektiver ist? Sicher, diese Gründe sind nicht von der Hand zu weisen. Und dennoch bin ich dafür, dass wir alle wieder mehr Briefe schreiben sollten. Denn wie sagte der britische Politiker John Morley mal so schön: „Briefe zu schreiben ist die schönste Art Zeit zu vergeuden."

Und schließlich können Briefe nicht nur den Versender, sondern auch den Empfänger sogar richtig glücklich machen. Erinnern Sie sich vielleicht noch an das wunderbare Gefühl, als Sie das letzte Mal den Briefkasten geöffnet haben – und sich neben Werbebroschüren und Rechnungen darin auch ein Kuvert oder eine Karte fand, auf der Sie bereits die Handschrift eines alten Freundes, oder des oder der Liebsten erkennen konnten? An das Kribbeln im Magen und die Vorfreude, bevor Sie die Zeilen gelesen haben, die nun endlich bei Ihnen angekommen waren?

Natürlich freuen wir uns vielleicht auch über den Piepton des Smartphones, das uns eine neue Textnachricht ankündigt. Aber letztendlich lässt sich diese nicht wirklich mit diesem warmen Gefühl vergleichen, das uns beim Öffnen eines persönlichen Briefes überkommt.

Und kreatives Schreiben tut uns gut, das ist inzwischen auch wissenschaftlich erwiesen. Wie Psychologen der Universität Austin herausgefunden haben, wirkt das sogar bei der Liebe. Sie luden Menschen, die gerade auf Dates gingen, ein, über ihre Gefühle für den anderen zu schreiben. Das Ergebnis: Drei Monate später waren mehr von ihnen glückliche Paare. Nun müssen Sie ja nicht unbedingt gleich Liebesbriefe verschicken, um von diesem Glück des Schreibens zu profitieren.

Kaufen Sie doch mal wieder edles Briefpapier oder lustige Karten – und schreiben Sie den Menschen, die Ihnen am Herzen liegen, einige nette Zeilen. Sie werden sehen, welchen Spaß das macht und wie viel Glück Sie so verschenken können. Oder besser gesagt: verschicken.

EINE BLUMENWIESE ANLEGEN

„Willst Du ein Leben lang glücklich sein, dann leg einen Garten an", sagt ein Sprichwort so schön. Und ich denke nicht, dass hier ein Steingarten gemeint ist. Denn nicht graues Felsengeröll macht uns glücklich, sondern viel Grün und bunt blühende Pflanzen.

Längst haben Forscher herausgefunden: Bereits einige Minuten im Grünen genügen, um unsere Laune erheblich zu verbessern. Und schon allein der Anblick von bunten Blumen reicht aus, um in unserem Körper das Glückshormon Serotonin auszuschütten. Wenn Sie also nicht nur die Bienen, sondern auch sich selbst glücklich machen wollen, müssen Sie nur eine Blumenwiese in Ihrem Garten anlegen.

Keine Sorge, das bekommen Sie auch als absolut ungeübter Hobby-Gärtner hin. Das regelmäßige Rasenmähen können Sie sich weiterhin künftig sparen – und die gewonnene Zeit damit verbringen, sich in die Hängematte zu legen, die Sie am besten in Sichtweite Ihrer Blumenwiese aufgehängt haben. Sind das nicht wunderbare Aussichten?

Bald werden Sie bemerken, dass sich Schmetterlinge, Hummeln, Schwebfliegen und Wildbienen genauso in Ihrem Garten wohlfühlen wie zahlreiche Vogelarten. Ganz nebenbei tun Sie also auch

noch etwas für die Ökobilanz. Machen Sie also Schluss mit tristem Grau und englischem Rasen – und holen Sie pure Freude in Ihren Garten. Dafür müssen Sie sich nur den geeigneten Samen besorgen und ihn dort aussähen, wo es in Zukunft bunt und lebendig werden soll. Und dabei könnte es durchaus passieren, dass Sie sich schon jetzt glücklich fühlen.

» Warte nicht darauf, dass dir jemand Blumen bringt. Pflanze deinen eigenen Garten. «

Sprichwort

Denn Gartenarbeit ist nicht nur ein sinnliches Vergnügen, sondern fördert außerdem die Gesundheit und macht uns richtig happy. „Ich habe nie glücklichere Menschen getroffen als Gärtner", sagt Bestsellerautorin Andrea Wulf, die in ihren Büchern gerne über Blumen und Gärten schreibt. „Den Erdboden zu bearbeiten und Teil vom Lebenszyklus der Natur zu sein, erdet Menschen im wahrsten Sinne des Wortes. Es ist gut für Geist und Seele." Gute Gründe, sich gleich auf den Weg in den Garten zu machen, meinen Sie nicht?

Wie gesagt: Dabei können Sie sich großen Aufwand ohne schlechtes Gewissen sparen. Es müssen gar keine kunstvoll angelegten Beete sein, die können Sie auch in den öffentlichen Parks bewundern. Säen Sie doch einfach eine Blumenwiese, freuen Sie sich über das Aufblühen der einzelnen Blüten und geben Sie kleinen Tieren einen schönen Lebensraum. Und noch einen Vorteil hat so ein buntes Blumenmeer: Sogenanntes Unkraut fällt hier gar nicht weiter auf. Natürlich dürfen Sie das jedoch auch jäten, wenn Sie das glücklich macht.

ÖFTER MAL BARFUSS

„Wer barfuß geht, den drücken keine Schuhe“, sagt ein sorbisches Sprichwort. Wann haben Sie eigentlich das letzte Mal Ihre Schuhe ausgezogen, haben Gras, Moos, Steine oder Holz unter den Fußsohlen gespürt und sich dabei so richtig glücklich gefühlt?

Seit Jahrhunderten quetschen wir Menschen in der westlichen Welt unsere Füße in zu enge, zu kleine oder zu hohe Schuhe, plagen uns mit Blasen, Senk- oder Spreizfüßen ab und denken auch noch, wir tun uns etwas Gutes, wenn wir immer brav und gut beschuht durch das Leben laufen. Von wegen.

„Barfußlaufen ist gesund“, wusste schon Pfarrer und Naturheilkundler Sebastian Kneipp. Und er hat natürlich recht.

Inzwischen ist auch wissenschaftlich bewiesen: Das Laufen ohne Schuhe ist nicht nur eine echte Fußreflexzonenmassage, sondern fördert außerdem die Gesundheit. Die positiven Effekte wirken sich auf den ganzen Körper aus, sie sind sogar bis hin zur Rücken- und Halswirbelsäule spürbar. Regelmäßiges Barfußlaufen kann sogar gegen Kopfschmerzen und Migräne helfen.

Evolutionsbiologisch gesehen ist es so, dass wir unsere Füße erst seit wenigen Jahrhunderten in Schuhe zwängen. Dabei werden die vielen kleinen und großen Fußmuskeln kaum noch trainiert. Die unschöne Folge: Fehlstellungen. Regelmäßiges Barfußlaufen hilft, diese zu verhindern, und wirkt sich laut Medizin sogar positiv auf die inneren Organe aus. Verantwortlich dafür sind die Reflexbögen und Verschaltungen im Körper. Das sind doch eigentlich schon Gründe genug, öfter mal die Schuhe und Socken auszuziehen, finden Sie nicht auch? Aber das ist längst noch nicht alles.

Barfußlaufen ist nicht nur gesund, sondern macht auch noch glücklich.

Die Freiheit für die Füße ist tatsächlich eine effektive Methode, um Körper und Geist zu entspannen. Probieren Sie es ruhig einmal aus. Machen Sie am besten einen kleinen Spaziergang, bei dem Sie über verschiedene Bodenbeläge laufen. Spüren Sie bewusst Steinplatten, Holzstege, Feldwege, Sand oder Gras unter Ihren Füßen und achten Sie darauf, was Sie dabei empfinden. In den Fußsohlen sitzen viele Nervenenden, so dass wir beim Barfußlaufen viel mehr wahrnehmen können, als wir vermuten.

Bald werden Sie merken, wie der Stress von Ihnen abfällt und sich innere Spannung abbaut. Es ist wahrlich beeindruckend, was so ein Spaziergang ohne Schuhe bewirken kann. Sie können auch mal barfuß Sport treiben oder tanzen. So tun Sie nicht nur Ihren Füßen etwas Gutes, sondern machen sich ganz nebenbei noch richtig glücklich.

AB IN DIE BADEWANNE

„Es muss eine Menge Dinge geben, gegen die ein heißes Bad nicht hilft", schrieb Schriftstellerin Sylvia Plath. „Aber ich kenne nicht viele." Nichts kann wohl glücklicher machen, als sich in die wohltuende und duftende Welt der Wanne zurückzuziehen.

Nicht umsonst ist das Baden schon seit Jahrtausenden ein wichtiger Bestandteil unserer Kultur. Egal ob Griechen, Römer oder Kreuzritter – sie alle gönnten sich gerne ein wohlig-warmes Bad. Heute wissen wir: Durch das warme Wasser werden Glückshormone ausgeschüttet. Außerdem lockert es die Muskulatur und hilft, schmerzhafte Verspannungen zu lösen. Kein Wunder also, dass die meisten von uns so gerne in die Wanne steigen.

Doch das ist längst nicht alles. Es gibt einen weiteren Grund, der die heimische Badewanne zum wahren Glücklich-Macher werden lässt. Das Badezimmer ist meistens der einzige Ort, an dem wir noch wirklich privat und mit uns selber sein können. Eine Bastion des Ichs, wenn es uns draußen in der Welt wieder einmal zu hektisch, zu laut und zu kompliziert wird.

Mit dem Schließen der Badezimmertür können wir all das ausschließen, das uns gerade die letzten Nerven raubt.

Zwischen wohlriechenden Schaumbergen und hellen Fliesen kommen wir endlich einmal zur Ruhe, können uns auf uns selbst konzentrieren und uns zurückziehen, ohne uns vor irgendjemandem rechtfertigen zu müssen. „Spaghetti kann man nur in der Badewanne essen", sagte einmal Fernsehmoderator Robert Lembke. Ob er es selbst schon einmal ausprobiert hat, verriet er allerdings nicht. Ich rate Ihnen: Probieren Sie es ruhig mal aus.

Und wenn Sie keine Spaghetti mögen, dann nehmen Sie sich eben eine schöne Tasse Tee oder Kaffee mit ins Badezimmer, einen kleinen Snack, Ihr Lieblingsbuch oder vielleicht sogar die Zeitung.

Gerne auch das Telefon – aber nur dann, wenn Sie es dafür benutzen, um in Ruhe mit einem Ihrer besten Freunde zu telefonieren. In der Badewanne können Sie ebenso ganz ungeniert Ihren Lieblingssong aus dem Radio mitsingen, Gummienten oder kleine Boote schwimmen lassen oder einfach nur vor sich hin träumen. Hach, wenn das mal nicht echtes Glück ist!

SCHAUKELN GEHEN

„Mir reicht's, ich geh schaukeln." Sicher haben Sie diesen Spruch auch schon öfter gelesen. Nehmen Sie ihn doch einfach mal wörtlich. Denn wir alle sollten viel öfter Beine und Seele einfach baumeln lassen.

Ein leichtes Kribbeln in der Magengegend, in der Luft schwingende Beine, dann das herrliche Gefühl zu fliegen ... Schaukeln macht nicht nur Kinder glücklich, sondern ist in jedem Alter ein ganz besonderes Vergnügen. Wann haben Sie sich eigentlich das letzte Mal einen kurzen Moment der Schwerelosigkeit gegönnt? Sie können sich nicht erinnern? Dann wird es aber höchste Zeit, mal wieder nach Herzenslust zu schaukeln.

Gründe dafür gibt es tatsächlich mehr als genug. Denn die Schaukelbewegungen führen nicht nur dazu, dass der Körper eine große Dosis Glückshormone produziert. Weiterhin werden durch sie Sauerstoffversorgung und Blutzirkulation verbessert, was dazu führt, dass Konzentration und Leistungsfähigkeit ansteigen.

Und ganz nebenbei fällt beim Schaukeln der ganze Stress von uns ab, wir kommen zur Ruhe.

Und das ist noch lange nicht alles. Auch wenn Sie sich fit halten und ein paar Kalorien verbrennen möchten, sollten Sie sich mal wieder auf eine Schaukel setzen. „Ich bin doch kein Kind mehr", sagen Sie nun vielleicht und schütteln den Kopf. Dann sollten Sie lernen, sich einfach mal wieder wie eins zu benehmen.

Sie werden schnell merken, wie gut das tut. Probieren Sie es aus. Sie müssen dafür nicht einmal auf den Spielplatz gehen, für den Einstieg tut es auch ein Schaukelstuhl, ein Hängesessel oder eine Hollywoodschaukel. Wie singt Liedermacher Philipp Poisel in seinem Song „Im Garten von Gettis" so schön: „Ich setz mich auf die Schaukel und schwing rein ins Paradies ..."

Machen Sie es ihm doch einfach nach. Ob es nun ein einfaches Holzbrett ist, das Sie am Baum in ihrem Garten befestigt haben, eine Hängematte oder eine Designerschaukel am Dachbalken – das ist ganz egal. Wichtig ist, dass Sie mal wieder so richtig schwingen, baumeln, wippen, abhängen. Vor und zurück, auf und ab, bleiben Sie ruhig in Bewegung – und haben Sie so richtig Spaß dabei.

Bald werden Sie immer öfter sagen: „Mir reicht's, ich geh schaukeln."

STERNSCHNUPPEN ZÄHLEN

Wenn wir in die unendlichen Weiten des Universums blicken, spüren wir bald, wie klein und unwichtig die meisten Sorgen und Ärgernisse des Alltags plötzlich werden. Ein guter Grund, zum Sterngucker zu werden.

„Mit dir in der Südsee stehen, in den Abendhimmel sehen … Oh guter Mond am Firmament, spür, wie meine Sehnsucht brennt … Oh komm Czigan, spiel für uns allein. Die Melodie brauch ich zum Glücklichsein …“ Hubert Kah besang ihn vor einigen Jahrzehnten ausführlich, den Sternenhimmel. Und alle sangen gerne mit. Kein Wunder, der Blick in den nächtlichen Himmel sorgt schließlich nicht nur bei Romantikern und Astronomen immer wieder für Begeisterung.

Wann haben Sie eigentlich das letzte Mal in die Sterne geguckt?

Sie können sich nicht erinnern? Dann sollten Sie das auf jeden Fall bald wieder tun. Am meisten lohnt der Blick nach oben übrigens jedes Jahr im August. Denn in diesem Monat ist einiges los am Firmament: Die schönsten Sternschnuppen des Jahres flitzen über den Himmel, zwischen strahlenden Sommer-Sternbildern erstreckt sich die Milchstraße, auch der Mond hat schöne Begegnungen mit strahlend hellen Planeten, die durch die Nacht wandern.

Genießen Sie dieses Schauspiel. Und vergessen Sie nicht, sich schon einmal einige Wünsche zu überlegen, die in Erfüllung gehen sollen. Sie können diese gerne vorher schon mal aufschreiben, damit Sie auch sofort einen Herzenswunsch parat haben, wenn Sie eine Sternschnuppe sehen.

Um eine wunderbare Sternschnuppen-Nacht zu erleben, müssen Sie sich auch gar nicht wie Hubert Kah in der Südsee befinden. Es reicht schon, wenn Sie sich dafür in den eigenen Garten oder irgendwo in die Natur begeben, wo Sie einen guten Blick nach Nordosten haben. Je weniger Kunstlicht sich in der Nähe befindet, umso besser. Legen Sie sich auf eine Decke, in die Hängematte oder einfach ins Gras und richten Sie Ihren Blick nach oben.

„Blicke oft zu den Sternen empor, als wandelst du mit ihnen", riet schon der römische Kaiser Marc Aurel vor zwei Jahrtausenden. „Solche Gedanken reinigen die Seele von dem Schmutz des Erdenlebens." Und ganz nebenbei können Sie sich sogar noch Wünsche erfüllen, Sie müssen nur fest daran glauben. Denn die Theorie des „Law of Attraction" besagt, dass wir jedes Ereignis selbst anziehen.

Noch ein Grund mehr also, endlich mal wieder Sternschnuppen zu zählen.

KNOTEN UND KIMONO

Nicht überall auf der Welt reicht es übrigens, zur richtigen Zeit am richtigen Ort zu sein und in den Himmel zu schauen, damit ein Wunsch in Erfüllung geht. Auf den Philippinen wird es als nötig erachtet, genau in dieser Sekunde einen Knoten in ein Taschentuch zu machen. Japanische Gemeinschaften auf Hawaii öffnen den Kragen ihres Kimonos, um das Glück hereinzulassen.

DIE DECKE ÜBER DEN KOPF ZIEHEN

Seien Sie ehrlich: Oft sind es die kleinen Dinge, die das Leben ein bisschen besser machen. Der Lieblingssong im Radio zum Beispiel, ein leckeres Stück Kuchen – oder eben das Einmummeln in unsere Kuscheldecke.

Schon als Kind haben wir uns unter unserer Kuscheldecke geborgen und beschützt gefühlt. Und auch heute noch spendet diese nicht nur Wärme, sondern auch ein Gefühl von Sicherheit. „Geborgenheit ist ein stärkeres Wort für Glück", wusste schon Johann Wolfgang von Goethe. Und diese Geborgenheit spüren wir oft dann, wenn wir uns auf dem Sofa oder im Bett in unsere kuschelige Decke wickeln.

„Komm, machen wir es uns ein bisschen hyggelig", sagen die Dänen gerne und mummeln sich in gemütliche Kissen und flauschige Decken. Nicht umsonst gehört Dänemark laut World-Happiness-Report schon seit Jahren zu den glücklichsten Ländern der Welt. Ich finde, wir sollten uns ruhig öfter ein Beispiel an unseren nordischen Nachbarn nehmen und auch unser Leben ein bisschen hyggeliger gestalten. Schließlich funktioniert das mit einer Kuscheldecke ganz einfach.

Machen Sie sich eine dampfende Kanne Tee oder schenken Sie sich ein schönes Glas Wein ein, erklären Sie das Sofa mit Kissen und Decke heute zu Ihrem ganz persönlichen Glücksort und machen Sie es sich so richtig bequem. Sie können ein Buch lesen, den Hund kraulen – oder einfach gar nichts tun. Ganz so, wie Sie gerade Lust haben. Nur Sie entscheiden, mit wem Sie Ihre Kuscheldecke heute teilen – oder auch nicht.

Denn Einmummeln macht nicht nur alleine, sondern auch zu zweit oder mit der ganzen Familie Spaß. Vorausgesetzt natürlich, Ihre Decke ist groß genug. Wenn nicht, sollten Sie vielleicht die Anschaffung einer XXL-Familiendecke ins Auge fassen, unter der Sie nach Herzenslust kuscheln können. Denn längst ist auch wissenschaftlich erwiesen: Wer oft und viel kuschelt, lebt nicht nur glücklicher, sondern ist auch weniger anfällig für Stress und hat ein stärkeres Immunsystem.

Ziehen Sie sich also am besten heute die Decke über den Kopf, vergessen Sie alles, was Ihnen gerade Kopfzerbrechen bereitet, und machen Sie es sich so richtig gemütlich. Oder eben hyggelig, wie die Dänen so schön sagen.

» Bei Hygge geht es in erster Linie darum, das Beste aus dem zu machen, was wir im Überfluss haben: Alltag. «

Maik Wiking, CEO des Kopenhagener Instituts für Glücksforschung

GLÜCKLICH MACHER

MUT ZUR LANGEWEILE

Jede Minute füllen wir mit Zerstreuung oder Anregung. Leerlauf in unserem Kopf lassen wir meistens gar nicht mehr zu. Dabei ist es so wichtig, auch einmal einfach unseren Gedanken und Tagträumen nachhängen zu können.

Macht es Sie auch manchmal fast wahnsinnig, wenn Sie wieder einmal an der Bushaltestelle warten müssen, länger in der Schlange an der Supermarktkasse stehen oder stundenlang im Zug sitzen? Langeweile und Nichtstun sind für uns oftmals nur schwer zu ertragen, meist lenken wir uns dann ganz schnell ab, holen unser Smartphone oder Tablet aus der Tasche, surfen im Internet, telefonieren mit einem Freund oder lesen Zeitschriften oder Magazine.

Jede Minute füllen wir mit Zerstreuung oder Anregung, Leerlauf in unserem Kopf lassen wir meistens gar nicht mehr zu.

Das Phänomen ist keineswegs neu, schon im 17. Jahrhundert sagte der französische Philosoph Blaise Pascal: „Dem Menschen erscheint nichts so unerträglich wie die Langeweile. Denn in diesem Zustand spürt er das Nichts, seine Verlassenheit, seine Unzulänglichkeit, seine Abhängigkeit, seine Ohnmacht, seine Leere."

Studien zeigen tatsächlich, dass Menschen, die mit sich und ihren Gedanken allein sind, häufiger bei negativen als bei positiven Erinnerungen hängen bleiben. Das mag vielleicht erklären, warum wir uns meistens lieber ablenken, als einfach nur die Gedanken schweifen zu lassen. Dabei sind Mußestunden und sogenanntes „Gedankenwandern" enorm wichtig für Wohlbefinden und Glück.

Wissenschaftlich erwiesen ist: Tagträume und das Sich-Abkoppeln aus der realen Umgebung sind notwendig für neue Ideen, Kreativität und Geistesblitze. Und sie schaffen einen wichtigen Ausgleich zum oft stressigen Alltag. Doch es scheint, als müssten die meisten von uns erst wieder lernen, einfach mal nichts zu tun – und die Langeweile zu genießen. Oscar Wilde schrieb dazu: „Gar nichts tun, das ist die allerschwierigste Beschäftigung und zugleich diejenige, die am meisten Geist voraussetzt."

Dennoch brauchen wir oftmals genau diese Langeweile, um uns zu motivieren.

Denn wenn es uns irgendwann zu viel wird mit dem großen Nichts, dann suchen wir uns Dinge, die wir tun könnten. Alte Freunde treffen zum Beispiel, mal wieder ins Kino gehen – oder ein gutes Buch lesen. Andererseits können wir uns auch überlegen, woher sie denn eigentlich kommt, unsere Langeweile. Surfen wir sogar im Büro im Internet, um uns zu beschäftigen, dann sollten wir die Zeit der Langeweile vielleicht besser einmal nutzen, uns zu fragen, ob es nicht Sinn machen würde, einen anderen Job zu suchen. Einen, der uns wirklich ausfüllt und uns Freude macht.

Lassen Sie also das nächste Mal an der Bushaltestelle, im Zug oder im Wartezimmer das Smartphone einfach mal in der Tasche stecken oder die Zeitschrift auf dem Tisch liegen – und beweisen Sie Mut zur Langeweile.

Sie werden sehen, es lohnt sich.

Es könnte dann nämlich schnell passieren, dass Sie endlich genau die Idee haben, auf die Sie schon lange gewartet haben – und die Sie so richtig glücklich macht.

MEHR BAUCHGEFÜHL

Ja oder Nein? Rechts oder links? Aufgeben oder weitermachen? Rund 20 000 Entscheidungen müssen wir laut Gehirnforschung täglich treffen. Dabei haben wir grundsätzlich zwei Möglichkeiten: Wir können auf unseren Kopf oder unseren Bauch hören.

„Unsere Zeit ist begrenzt, also verschwenden wir sie nicht damit, das Leben eines anderen zu leben", sagte einmal Unternehmer und Apple-Mitbegründer Steve Jobs. „Lassen wir uns also nicht von Dogmen in die Falle locken. Lassen wir es nicht zu, dass die Meinungen anderer unsere innere Stimme ersticken. Am wichtigsten ist es, dass wir den Mut haben, unserem Herzen und unserer Intuition zu folgen. Alles andere ist nebensächlich."

Leider haben jedoch viele von uns verlernt, auf ihren Bauch zu hören.

In unserem hektischen Alltag muss alles überprüfbar, logisch und nachvollziehbar sein. Dabei zeigen neue Studien, wie wichtig es ist, häufiger unserer Intuition zu vertrauen. Wissenschaftlich erwiesen ist: Unser Bauch fällt Entscheidungen unbewusst und aufgrund der vielen Erfahrungen, die wir in unserem Leben bereits gemacht haben. Auch die Stimmung, in der wir uns gerade befinden, spielt dabei eine wichtige Rolle. Das Bauchgefühl äußert sich anhand sogenannter „somatischer Marker". Dabei handelt es sich um unmittelbar auftauchende Körpersignale, die uns entweder Zustimmung oder Vermeidung anzeigen.

Spüren wir ein fröhliches Herzflattern, ein Kribbeln im Bauch oder andere angenehme Körperreaktionen, dann sagt unser Bauch eindeutig: „Tu es!" Bekommen wir jedoch Magenschmerzen, ein Engegefühl in der Brust oder andere unangenehme Gefühle, dann sind das eindeutige Vermeidungs- oder Fluchtsignale. Das bedeutet: „Lass es sein!"

Eigentlich müsste es doch ganz einfach sein, mit dem Bauch zu entscheiden, nicht wahr? Doch manchmal haben wir es tatsächlich verlernt, unser Bauchgefühl richtig wahrzunehmen. Wir lassen uns davon beeinflussen, was andere dazu sagen, und versuchen, alle Argumente logisch auseinanderzunehmen, bevor wir uns entscheiden.

Lassen Sie uns doch endlich wieder lernen, auf unsere Intuition zu vertrauen.

Wir können üben, unsere Körpersignale wieder bewusst wahrzunehmen. Dabei helfen zum Beispiel Meditation oder Yoga. Wichtig ist es auch, immer wieder innezuhalten und uns nicht selbst unter Druck zu setzen oder von unserem Umfeld drängen zu lassen. Nehmen Sie sich ruhig Zeit, um in Ruhe eine Entscheidung zu treffen.

Machen Sie einen langen Spaziergang und hören Sie in sich hinein, wenn Sie sich bestimmte Möglichkeiten vor Ihrem inneren Auge vorstellen. Wird Ihr Nacken steif? Wird Ihnen übel? Oder bekommen Sie Gänsehaut, spüren Sie Schmetterlinge im Bauch?

Sehen Sie, Sie wissen doch eigentlich ganz genau, was Sie glücklich macht. Ganz intuitiv. Aus dem Bauch heraus.

NEUGIERIG BLEIBEN

„Was ist das?" „Warum ist das so?" „Wie funktioniert das?" Erinnern Sie sich noch? Als Kind haben wir den Erwachsenen Löcher in den Bauch gefragt. Wir waren neugierig, was die Welt zu bieten hat, alles Neue war spannend und ungeheuer interessant. Warum aber haben wir irgendwann aufgehört mit der vielen Fragerei?

Leider ist das meistens so: Je älter wir werden, desto mehr verlieren wir unsere Neugier. Oft stecken wir fest in der Alltagsroutine, verbauen uns selbst so viele Möglichkeiten, Neues zu entdecken und etwas dazuzulernen.

„Ach, dafür bin ich doch nun wirklich schon zu alt." „Das bringt doch nichts." „Da komme ich nicht mehr mit." Haben Sie sich so oder so ähnlich auch schon einmal geäußert? Vergessen Sie solche Bemerkungen am besten ganz schnell – und entdecken Sie die Neugier neu. Denn diese vertreibt nicht nur die Langeweile, sondern macht sogar richtig glücklich.

Nicht umsonst bezeichneten sich bei einer Umfrage 70 Prozent der sich für lebensfroh haltenden Menschen auch als wissbegierig. „Solange man neugierig ist, kann einem das Alter nichts anhaben", sagte einmal Schauspieler Burt Lancaster. Und tatsächlich ist nun auch wissenschaftlich erwiesen: Neugier hält jung – und unglaublich fit.

Neugierige Menschen gehen anders an neue Dinge heran. Sie kommen mit anderen schneller in Kontakt und probieren Neues aus, um ihre Fähigkeiten weiterzuentwickeln. Glaubt man dem amerikanischen Psychologieprofessor Todd Kashdan, dann kann die Neugier sogar das Leben verlängern. Eine Studie ergab, dass neugierige Menschen offenbar eine höhere Lebenserwartung haben. Unabhängig davon, an welchen Krankheiten sie leiden.

Doch das ist nicht der einzige Grund, warum wir immer neugierig bleiben sollten. So trainieren wir nicht nur unsere Lern- und Konzentrationsfähigkeit, sondern erweitern außerdem unseren Horizont – und verbessern unseren IQ. Nicht umsonst meinte Albert Einstein einmal: „Ich habe keine besondere Begabung, ich bin nur leidenschaftlich neugierig." Aber auch unser Privatleben profitiert von der Neugier: Wir lernen leichter interessante Menschen kennen, können in Gesprächen mit anderen schneller Nähe herstellen und geistreicher und witziger sein.

Sogar in der Ehe sind Neugierige zufriedener – denn sie entdecken auch am Partner immer wieder Neues. „Die Liebe besteht zu drei Vierteln aus Neugier", stellte auch schon der bekannte Verführer Giacomo Casanova fest. Also noch ein Grund mehr, wieder mehr Neugier in unser Leben zu lassen, finden Sie nicht auch? Dann fangen Sie am besten noch heute damit an. Machen Sie eine neue Erfahrung. Essen Sie etwas, das Sie bisher nicht kannten, probieren Sie eine neue Sportart aus – oder gehen Sie in ein Konzert oder in die Oper, obwohl Sie sich dafür noch nie interessiert haben. Und erleben Sie eine neugierige, glückliche Zeit.

» Dem wahrhaft Neugierigen erschließt sich alles, was das Leben zu bieten hat. «

William Morris Davis, neugieriger Naturwissenschaftler

KLEINE ABENTEUER

„Für ein gutes Abenteuer ist man nie zu alt", schreibt die österreichische Philosophin Lisz Hirn. „Nur zu langweilig." Seien Sie ehrlich: Jeder von uns träumt doch davon, endlich wieder einmal ein echtes Abenteuer zu erleben. Dann lassen Sie uns das doch einfach tun.

Sehnen Sie sich auch danach? Wenigstens einmal auszubrechen aus dem Alltag, der meistens nichts Neues und Aufregendes mehr zu bieten hat, sondern nur Altbekanntes und Gewohntes. Ja, wir haben es uns schön kuschelig und gemütlich gemacht in unserer Komfortzone. Doch dabei sind Spannung und Nervenkitzel jedoch oftmals auf der Strecke geblieben. Irgendwie schade, finden Sie nicht?

„Ja, vielleicht. Aber ich habe doch gar keine Zeit für solche Verrücktheiten", sagen Sie jetzt vielleicht. „Und gerade auch nicht die nötigen finanziellen Mittel, um mir eine Reise in den Dschungel oder eine Klettertour in die Berge leisten zu können."

Die gute Nachricht ist: Sie müssen gar kein Flugticket kaufen, durch Indien wandern, den Mount Everest besteigen oder an einer Expedition durch den brasilianischen Regenwald teilnehmen, um wieder einmal wirklich Aufregendes zu erleben.

Denn die kleinen Abenteuer warten direkt vor Ihrer Haustür.

„Abenteuer ist für jeden etwas anderes", erklärt Abenteurer und Autor Alastair Humphreys. „Aber im Grunde geht es doch nur darum, etwas Neues auszuprobieren." Mit seinem Buch über sogenannte „Microadventures" landete der Brite übrigens einen Bestseller.

Eines seiner kleinen Abenteuer, die er darin beschreibt, ist beispielsweise eine Winterwanderung entlang der Autobahn M25, die London umkreist. Jetzt denken Sie mal in Ruhe nach: Wann haben Sie Ihre letzte Nacht im Freien verbracht? Auch so ein kleines Abenteuer, das Sie jederzeit im Wald, am See oder sogar im eigenen Garten erleben können. Sie werden sehen, wie aufregend es sich anfühlt, auf einer Isomatte im Gras zu liegen und den nächtlichen Sternenhimmel zu betrachten.

Unternehmen Sie ruhig auch mal wieder einen Ausflug in die heimische Wildnis, entdecken Sie versteckte Waldseen, gefährliche Steinbrüche oder verlassene Gebäude. Machen Sie eine Kanutour auf dem heimischen Fluss, entdecken Sie eine Stadt ohne Navi, Stadtplan oder Smartphone, klettern Sie auf einen Baum, buchen Sie einen Segelflug oder verbringen Sie ein Wochenende im Zelt.

» Jene, die nur auf der Suche sind nach dem großen Abenteuer, laufen Gefahr, die vielen kleinen Abenteuer im Leben zu verpassen. «

Jürgen Beuerle, abenteuerlustiger Autor

Die Zahl der kleinen Abenteuer, die darauf warten, von Ihnen erlebt zu werden, ist schier endlos.

Deswegen: Halten Sie die Augen offen und bleiben Sie neugierig auf das Leben. Sie müssen nicht gleich eine Weltreise buchen oder irgendeinen Kontinent umsegeln, es gibt so viele kleine Abenteuer zu erleben. Fahren Sie mit dem Zug in die nächste Stadt und wandern Sie von dort nach Hause. Verbringen Sie den Tag mit jemandem, den Sie noch gar nicht kennen. Erleben Sie die Welt einmal auf dem Rücken eines Pferdes. Besteigen Sie den nächsten Kirchturm oder den Monte Kaolino.

Sie werden schnell merken: Abstand vom alltäglichen Stress finden Sie nicht, wenn Sie einfach auf dem Sofa herumliegen. Sondern dann, wenn Sie sich etwas Aufregung gönnen.

DIE MACHT DER MUSIK

„Musik ist der Soundtrack unseres Lebens, sie spielt die Melodie unseres Seins", sagte einmal der „King of Pop" Michael Jackson. Und Sänger Harry Styles meint dazu: „Das ist das Wunderbare an Musik, es gibt einen Song für jedes Gefühl. Eine Welt ohne Musik kann sich doch keiner von uns wirklich vorstellen ..."

Fest steht: Musik kann uns tatsächlich traurig oder glücklich machen, uns tiefer berühren, als Worte es jemals könnten. Musik bringt uns zum Weinen, weckt Erinnerungen – oder verursacht regelrechte Hochgefühle.

Ob bei einem Konzert unserer Lieblingsband, einem Song im Radio oder einer Arie in der Oper, wir alle haben das schon erlebt: Musik geht einfach unter die Haut. Das heißt: Medizinisch korrekt geht Musik eigentlich nicht unter die Haut, sondern unter die Hirnrinde. Denn sie nimmt den direkten Weg in die Zentren der Emotion, ganz ohne Umweg um den Verstand. Und wenn dann beides zusammenkommt, Emotion und Verstand, dann wirkt Musik sogar auf unsere Haut, es prickelt. Wir bekommen Gänsehaut.

Solche Gänsehautmomente sind auch immer tiefe Glücksmomente.

Das kann inzwischen auch wissenschaftlich erklärt werden: Während eines solchen Gänsehaut-Erlebnisses aktiviert das Hirn Bereiche des limbischen Systems, das Emotion, Motivation und Selbstbelohnung programmiert. Musik wirkt anregend, gleichzeitig aber auch besänftigend. Deshalb singen wir unseren Kindern auch Gute-Nacht-Lieder vor. „La-le-lu, nur der Mann im Mond schaut zu ..." Vielleicht bekommen Sie auch heute noch echte Glücksgefühle, wenn Sie das Lied hören, das Sie an Ihre eigene Kindheit erinnert.

Fest steht: Musik kann man einfach nicht überhören, sie ist ein Glücksgriff für die Menschheitsentwicklung.

Gönnen Sie sich also ruhig viel davon. Gehen Sie mal wieder in ein Konzert oder in ein Musical. Drehen Sie Ihre Stereoanlage ruhig öfter laut auf. Kaufen Sie sich mal wieder ein paar Platten und CDs oder laden Sie sich Ihre Lieblingsmusik im Internet herunter. Haben Sie keine Hemmungen, denn Musik kann zu jeder Tageszeit genossen werden, macht nicht dick und hat auch sonst keinerlei negative Nebenwirkungen.

Vorausgesetzt natürlich, Sie drehen die Lautsprecher nicht so laut auf, dass Ihre Nachbarn grantig werden. Doch auch das können Sie verhindern: Nämlich dann, wenn Sie die Musik laufen lassen, die auch Ihre Nachbarn glücklich macht. Der Macht der Musik kann sich auf Dauer niemand entziehen, nicht einmal der größte Grantler. Denn manchmal kann man Glück tatsächlich hören.

Doch welche Art von Musik macht uns so richtig happy? Laut dem niederländischen Neurowissenschaftler Dr. Jacob Jolij sind das Songs, deren Tempo bei mindestens 150 Beats pro Minute liegt, die unser Gehirn mit neuer Energie versorgen. Für das Ergebnis verglich er Songs, die Umfrageteilnehmer in Großbritannien und Irland als ihre Gute-Laune-Songs angegeben hatten.

TOP TEN DER GUTE-LAUNE-SONGS

1. *Don't Stop Me Now* – Queen (1978)
2. *Dancing Queen* – Abba (1976)
3. *Uptown Girl* – Billie Joel (1983)
4. *Eye of the Tiger* – Survivor (1982)
5. *I'm a Believer* – The Monkees (1966)
6. *Girls Just Wanna Have Fun* – Cyndi Lauper (1983)
7. *Livin' on a Prayer* – Jon Bon Jovi (1986)
8. *Walking on Sunshine* – Katrina & The Waves (1983)
9. *I Will Survive* – Gloria Gaynor (1978)
10. *Good Vibrations* – The Beach Boys (1966)

(Quelle: Business-Insider)

SONNENUNTERGÄNGE STATT FERNSEHEN

„Ging es nach mir, sollten wir wieder öfter in den Himmel schauen", singen die Sportfreunde Stiller so schön in einem ihrer Songs. Ganz besonders lohnt sich ein Blick in den Himmel am Abend. Nämlich dann, wenn sich der Tag farbenfroh verabschiedet.

Orangefarbenes Licht, rosa Wolken und ein feuerroter Himmel. Ein Sonnenuntergang ist immer wieder ein faszinierendes Schauspiel – egal ob wir ihn über dem Meer, in den Bergen, in der Stadt oder direkt vor der Haustür erleben. Denken Sie mal in Ruhe nach: Wann haben Sie eigentlich das letzte Mal innegehalten und sich in Ruhe einen Sonnenuntergang angeschaut?

Das sollten Sie viel öfter tun. Denn es macht doch nun wirklich viel glücklicher als fernsehen.

„Die Natur allein ist unendlich reich, und sie allein bildet den großen Künstler", schrieb Johann Wolfgang Goethe einst in „Die Leiden des jungen Werther". Und nicht umsonst ist ein Sonnenuntergang immer wieder ein beliebtes Motiv auf Postkarten, Gemälden oder in Filmszenen. Schönere Farben hätte doch nun wirklich auch kein Maler zusammenstellen können.

Dass uns das Grün der Natur glücklich macht, ist inzwischen wissenschaftlich erwiesen. Zum Thema Sonnenuntergang gibt es bislang zwar keine Studien. Aber seien wir ehrlich: Eigentlich brauchen wir diese doch auch gar nicht. Wir müssen doch nur am Abend einmal in Ruhe in den Himmel schauen, um selbst zu erleben, wie gut uns das tut.

Deswegen: Schauen Sie heute Abend doch einfach nicht in den Fernseher oder auf ein Handy-Display, sondern lieber mal wieder in den Himmel.

Lassen Sie das Orange, Rot, Rosa und Violett am Horizont auf sich wirken. Träumen Sie dabei ruhig ein wenig vor sich hin und freuen Sie sich einfach darauf, noch viele Sonnenuntergänge erleben zu dürfen. Denn im Gegensatz zum Fernsehprogramm werden diese so schnell garantiert nicht langweilig.

ÖFTER MAL ALLEINE

„Wer sich allein langweilt, ist auch zu zweit nicht sehr unterhaltend", sagte einmal Schauspieler Ben Kingsley. Und Schriftsteller Franz Kafka meinte dazu: „Ich muss viel allein sein. Was ich geleistet habe, ist nur ein Erfolg des Alleinseins." Manchmal macht es durchaus Sinn, das Alleinsein der Gesellschaft anderer vorzuziehen.

„Der Arme, ganz alleine ..." Haben Sie sich das auch schon mal gedacht, wenn Sie jemanden ohne Begleitung im Urlaub, am See oder im Restaurant getroffen haben? Menschen, die das Alleinsein der Gesellschaft anderer vorziehen, werden häufig bedauert oder als seltsam angesehen. Warum eigentlich?

Leider haben heutzutage viele Menschen vergessen, wie wichtig es ist, auch einmal für sich sein zu können. Bewusstes Alleinsein hat erst einmal rein gar nichts mit Einsamkeit zu tun, es ist sogar wichtig für unser Wohlbefinden und unsere innere Ruhe. Seien Sie sich doch einfach mal selbst genug, haben Sie Spaß in Ihrer eigenen Gesellschaft. Denn die Wahrheit ist: Um unseren Akku wieder aufzuladen, brauchen wir nicht unbedingt ein Wellness- oder Yogastudio, ein Retreat oder eine lange Reise. Alles, was wir dafür benötigen, ist etwas Zeit mit uns selbst.

Denn so können wir erkennen, wer wir wirklich sind, was wir brauchen und wohin wir wollen.

Denn ohne äußere Einflüsse werden wir ruhig. Wir verbinden uns mit uns selbst, verarbeiten Vergangenes und tanken Kraft. Wir schenken uns Zeit und Aufmerksamkeit und sorgen somit gut für uns selbst. In dem Moment, in dem wir uns selbst genügen, erwacht in uns eine mächtige Kraft voller Unabhängigkeit und echten Glücks.

„Es ist zu einer verlorenen Kunst geworden, auch mal allein zu sein", schreibt Autor Leo Babauta. Doch diese Kunst können Sie wieder lernen, am besten fangen Sie gleich heute damit an. Es genügen dafür nur einige Minuten Zeit, in denen Sie einfach anhalten und nur Ihren eigenen Gedanken nachhängen.

Sie müssen sich nicht dauernd mit anderen umgeben, ständig am Handy hängen, um mit anderen permanent verbunden zu sein. Verabreden Sie sich doch einmal wieder nur mit sich selbst. Machen Sie einen Spaziergang in der Natur, kochen Sie für sich selbst etwas Schönes, gehen Sie alleine auf Reisen – oder lassen Sie sich einfach nur treiben.

Wenn Sie alleine sind, sind Sie grenzenlos frei.

Sie können einfach nur das tun, was Sie gerne möchten, Sie müssen sich mit niemandem absprechen und keine Kompromisse eingehen. Sie werden nicht abgelenkt und können sich auf das konzentrieren, was Ihnen wichtig ist. Herrlich, nicht wahr? Ich wünsche Ihnen eine schöne Zeit mit und für sich selbst.

SICH ZEIT NEHMEN

Wir haben alle die gleiche Zeit. Das sind 24 Stunden am Tag, 7 Tage die Woche und 365 Tage im Jahr. Und es ist ganz allein unsere Entscheidung, wie wir diese Zeit nutzen oder für was wir uns diese nehmen.

„Ich habe leider keine Zeit …" Wann haben Sie das letzte Mal diesen Satz gesagt – und gleichzeitig bereut, dass Sie schon wieder nicht am Treffen mit alten Freunden teilgenommen, einen Spaziergang nicht gemacht oder das Konzert, auf das Sie eigentlich so gerne gegangen wären, nicht besucht haben?

„Es ist nicht zu wenig Zeit, die wir haben, sondern es ist zu viel Zeit, die wir nicht nutzen." Das erkannte Lucius Annaeus Seneca schon vor rund 2000 Jahren.

Es gibt keine grauen Herren wie in Michael Endes Roman „Momo", die unterwegs sind, um uns die Zeit zu stehlen. Das tun wir meistens schon selbst – und zwar, indem wir Zeiträuber wie Smartphones, Tablets oder Fernseher in unser Leben holen. Wann wollten Sie das letzte Mal nur „kurz im Internet was nachschauen" und haben Stunden später bemerkt, dass Sie immer noch am Rechner sitzen? Wann haben Sie wieder einmal den ganzen Abend vor dem Fernseher verbracht, nur um danach festzustellen, dass die Doku-Soap oder Gameshow nun wirklich keine Bereicherung für Ihr Leben war?

Sehen Sie, so geht sie dahin, die kostbare Zeit. Diese hätten Sie auch einfach sinnvoll verplempern oder verträumen können – oder eben mit etwas verbringen, das Ihnen richtig guttut.

Aber fragen Sie sich auch manchmal, wie das nun hat wieder passieren können? Wo die ganze Zeit denn so schnell hingekommen ist? Die Wissenschaft weiß: Ein Organ für Zeitwahrnehmung gibt es in unserem Körper nicht, deswegen lässt sich diese wohl auch so leicht manipulieren. Wenn wir ganz stark auf die Zeit schauen – zum Beispiel beim Warten auf den Bus oder den Zug – dann scheint sie überhaupt nicht zu vergehen. Wenn wir uns aber auf eine bestimmte Tätigkeit konzentrieren, wie etwa beim Musizieren oder beim Sport, dann verfliegt die Zeit scheinbar geradezu.

Forscher haben nun herausgefunden: Vor allem die Körperwahrnehmung spielt hier eine Rolle. Wer wenig auf sich selbst achtet, hat leichter das Gefühl, keine Zeit zu haben. Atmen Sie also mal wieder in Ruhe durch, meditieren Sie, essen Sie gesund – und vor allem in Ruhe.

Sie werden schnell merken, dass es richtig guttut, sich nicht unnötig hetzen zu lassen. Machen Sie sich bewusst: Jede Stunde hat 60 Minuten. Und das sind schließlich 3600 Sekunden. Entscheiden Sie selbst, für was Sie diese nutzen. Und genießen Sie jede einzelne davon.

» Jetzt sind die guten alten Zeiten, nach denen wir uns in zehn Jahren zurücksehnen. «

Sir Peter Ustinov, Multitalent

IN BEWEGUNG BLEIBEN

„Tief bewegt sein ist etwas Schönes", singt Liedermacher Wolf Biermann in einem seiner Songs so schön. „Aber besser ist es, sich selbst zu bewegen." Wenn wir uns träge, unmotiviert und alles andere als glücklich fühlen, könnte es schlicht und einfach daran liegen, dass wir zu wenig Bewegung haben.

Sind Sie heute wieder den ganzen Tag am Schreibtisch oder im Auto gesessen? Haben Sie am Feierabend erst einmal Ihre Beine hochgelegt und es sich dann auf dem Sofa bequem gemacht, während ein Krimi auf dem Fernseher lief? Natürlich erst dann, nachdem Sie Ihr Abendessen eingenommen haben. Im Sitzen natürlich. Dann brauchen Sie eindeutig eins: mehr Bewegung.

Auch Stefan Klein, Autor des Bestsellers „Die Glücksformel", gab einmal in einem Interview an, dass er nach seinen Recherchen zum Thema Glück selbst vor allem eins geändert hat, um glücklicher zu sein: „Ich bewege mich mehr."

„Das klingt ja einfach", sagen Sie jetzt vielleicht. Ist es auch. Vorausgesetzt natürlich, Sie bezwingen Ihren inneren Schweinhund, lassen das Sofa öfter mal Sofa sein und kommen wieder in Bewegung. Egal, ob Sie jeden Tag mit dem Fahrrad zur Arbeit fahren, öfter die Treppe statt den Aufzug benutzen, mittags einen Spaziergang oder am Feierabend Sport machen – Bewegung hält fit und macht sogar richtig glücklich.

Oft wirkt Sport sogar wie ein kleiner Urlaub.

Für das vom Alltag gestresste Frontalhirn, in dem das logische Denken beheimatet ist, bleibt Zeit zur Erholung. Das sei ähnlich wie bei einem Computer, der bei Überlastung heruntergefahren und neu gestartet wird, sagen Sportwissenschaftler. Wenn man sich bewegt, kann man abschalten und kriegt den Kopf wieder frei. Und nicht nur das: Australische Forscher haben jetzt sogar herausgefunden, dass wir unserer geistigen Leistungsfähigkeit mit Bewegung auf die Sprünge helfen können.

Laufen, Springen, Schwimmen, Tanzen, Radeln oder Rudern schütten also nicht nur Glückshormone aus, sondern machen außerdem schlau. Und es gibt tatsächlich noch weitere gute Gründe, warum wir immer in Bewegung bleiben sollten. Sport ist gut für unser Selbstbewusstsein und wirkt sogar antidepressiv.

Nun ist also nur noch etwas Einsatz und Überwindung nötig.

Am besten klappt es mit der regelmäßigen Bewegung natürlich dann, wenn wir uns die Sportart suchen, die uns so richtig Spaß macht und die wir auch jederzeit unkompliziert ausüben können. Dann heißt es nur noch dranbleiben – und sich endlich wieder fit, motiviert und glücklich fühlen.

AUTOPILOT AUSSCHALTEN

„Die Normalität ist eine gepflasterte Straße; man kann gut darauf gehen – doch es wachsen keine Blumen auf ihr", erkannte Maler Vincent van Gogh ganz richtig. Oft funktionieren wir tatsächlich mehr, statt dass wir das Leben bewusst wahrnehmen. Schluss damit.

Nach dem Aufstehen Kaffee kochen. Zur Arbeit fahren. Aufgaben erledigen, Mails beantworten, To-do-Listen abhaken. Nach Feierabend die üblichen Besorgungen machen, das gewohnte Training im Fitnessstudio absolvieren. Duschen. Später den Haushalt erledigen, den Fernseher anschalten. Vieles, was wir in unserem Alltag tun, geschieht unbewusst. Wir haben unsere eigene Routine entwickelt, die meisten unserer Tätigkeiten laufen ganz automatisch ab.

Wissenschaftliche Studien belegen: Nur rund fünf Prozent unseres Lebens steuern wir bewusst. Die restlichen 95 Prozent unserer Handlungen passieren unbewusst, auf Autopilot quasi.

„Ist das denn nun schlecht?", fragen Sie jetzt vielleicht. Erst einmal nicht. Stellen Sie sich nur mal vor, wir müssten bei jedem Atemzug, jedem Schluck oder jedem Schritt erst nachdenken. Dazu kommt, dass unser Bewusstsein – wenn wir es einmal mit einem Computer vergleichen – nur eine relativ geringe Rechenleistung hat. Es ist also eigentlich ganz hilfreich, dass wir nicht immer bewusst reagieren, denken und handeln müssen, sondern so vieles schon automatisch tun.

Anders sieht es jedoch dann aus, wenn es um unsere Wahrnehmung geht. Denn dauernd auf Autopilot zu sein bedeutet, dass wir eigentlich mehr funktionieren, statt unser Leben bewusst wahrzunehmen und zu genießen. Dass wir zu oft an festgefahrenen Denkweisen festhalten. Und dass wir in einen Trott geraten, der uns alles andere als glücklich macht. Deswegen ist es wichtig, dass wir unseren Autopiloten auch regelmäßig ausschalten.

Achtsamkeit ist auch hier einmal wieder das Zauberwort.

Nur wenn wir diese in unsere tägliche Routine einbauen, können wir uns selbst und andere Menschen um uns herum wieder bewusst wahrnehmen, neue Erfahrungen machen und unseren Horizont erweitern. Lassen Sie uns also neugierig bleiben und den Moment wieder öfter mit allen Sinnen erleben. „Das hört sich ja alles ganz gut an", sagen Sie nun vielleicht. „Aber wie soll das denn nun funktionieren?" Dabei sind Sie im Kopf wahrscheinlich schon wieder bei den Aufgaben, die Sie heute noch erledigen müssen. Wahrscheinlich wie so oft auf Autopilot geschaltet.

Es gibt verschiedenste Möglichkeiten, Achtsamkeit zu üben. Ein Ausflug in die Natur ist eine davon, setzen Sie dabei ganz bewusst Ihre Füße auf den Boden, spüren Sie den Wind im Gesicht. Doch auch achtsames Abspülen, Kochen oder Bügeln funktioniert wunderbar. Seien Sie einfach immer ganz bei dem, was Sie gerade tun. Halten Sie ruhig öfter mal inne, führen Sie Tätigkeiten anders aus als gewohnt, durchbrechen Sie einfach ab und an Ihre tägliche Routine. Nehmen Sie einen anderen Weg zur Arbeit, verbringen Sie Ihre Mittagspause statt in der Kantine mal in einem netten Café, sprechen Sie mit Menschen, die Sie noch nicht kennen.

Probieren Sie etwas Neues aus.

Tun Sie ruhig öfter etwas, das Sie noch nie getan haben. Und seien Sie dabei ganz bewusst bei der Sache. Auch Dankbarkeit ist übrigens eine hervorragende Achtsamkeitsübung. Lassen Sie am Abend Ihren Tag noch einmal Revue passieren und machen Sie sich bewusst, was Sie bewegt und glücklich gemacht hat. Und schalten Sie dabei den Autopiloten einfach mal aus.

MEHR PLATZ FÜR DAS WESENTLICHE

„Wie viele Dinge es doch gibt, die ich nicht brauche", erkannte der griechische Philosoph Sokrates schon vor mehr als zwei Jahrtausenden. Bereits damals umgaben sich die meisten Menschen mit viel zu vielen überflüssigen Dingen, die ihnen die Sicht auf das Wesentliche versperrten.

Haben Sie auch manchmal das Gefühl, dass Ihnen alles über den Kopf wächst? Dann versuchen Sie doch einmal, etwas Ballast abzutragen, um wieder klare Sicht zu haben. Beginnen Sie am besten noch heute damit, sich von unnötigem Krempel zu befreien, der schon viel zu lange Raum belagert hat – in Ihrer Wohnung und in Ihrem Kopf. Fangen Sie am besten mit Ihrem Kleiderschrank an: Räumen Sie alles aus, was Sie seit längerer Zeit nicht mehr getragen haben.

Warum haben Sie immer noch das Mickey-Maus-Shirt, für das Sie seit mindestens zwei Jahrzehnten zu alt sind? Oder die Jeans, die schon seit langer Zeit viel zu eng ist? Diese wird vermutlich auch die nächsten Jahre nicht passen, also weg damit. Wundern Sie sich eigentlich schon lange, warum Sie damals dieses schreckliche Kästchen oder diesen gruseligen Kunstdruck im Urlaub gekauft

» Alles, was dich nicht glücklich macht, kann weg. «

Marie Kondo, Aufräumexpertin

haben? Warum befinden sich dann die Sachen noch in Ihrem Regal oder an Ihrer Wand, wo sie den Platz wegnehmen für Dinge, die Ihnen wirklich wichtig sind?

Wieso besitzen Sie noch Kratzbaum und Katzenklo, auch wenn Sie seit Langem keine Katze mehr haben? Und warum haben Sie seit Ewigkeiten das zweite und dritte Essgeschirr im Keller deponiert, wenn dieses auch in Zukunft nicht den Weg auf Ihren Tisch finden wird? Verschenken Sie doch die Sachen an Menschen, die diese auch wirklich brauchen können.

Warum haben Sie immer noch die Liebesbriefe von dem oder der Verflossenen, der oder die Sie damals so enttäuscht und im Stich gelassen hat? Und wieso haben Sie eigentlich ein schlechtes Gewissen beim Gedanken, diese endlich wegzuwerfen? Genauso wie Sie dieses packt, wenn Sie auf den Hometrainer schauen, der schon ewig in der Wohnung steht, ohne dass Sie ihn nur einmal benutzt haben.

Befreien Sie sich endlich von dem überflüssigen Krempel. Sie werden schnell merken, wie leicht Sie sich plötzlich fühlen. Nein, Sie müssen nicht gleich Minimalist werden. Aber hören Sie einfach auf damit, überflüssige Dinge anzuhäufen. Denn glücklich macht das nicht, ganz im Gegenteil. Ein guter Vorsatz für das neue Jahr könnte zum Beispiel sein, sich jeden Tag von einem unnützen Gegenstand zu befreien.

Machen Sie Platz für das Wesentliche.

Schaffen Sie Ruhe und Klarheit – und endlich wieder mehr Raum, um die vielen kleinen, aber feinen Momente wahrzunehmen, die Ihnen täglich geschenkt werden. Denn diese schaffen Lebensqualität – und machen wirklich glücklich.

EINFACH MAL MACHEN

„Tu es oder tu es nicht", sagt Yoda im Kultstreifen „Star Wars". „Es gibt kein Versuchen." Recht hat er, der kleine, grünhäutige Jedi-Meister. Wir alle sollten viel öfter einfach mal machen statt immer nur zu reden. Schließlich gibt es nichts Gutes, außer man tut es.

Oder um es mit dem guten alten Demokrit zu sagen: „Mut steht am Anfang des Handelns, Glück am Ende." Und dazwischen stehen oftmals Mühe, Arbeit und Beharrlichkeit. Klar, denn von nichts kommt ja bekanntlich nichts. Auch das wissen wir. Nun müssen wir diese ganzen Weisheiten nur noch umsetzen. Und das ist eben manchmal alles andere als einfach.

Hand aufs Herz: Was erzählen Sie schon lange, was sie einmal tun möchten, ohne dass bisher etwas passiert ist? Das kennen wir wohl alle: Wir würden so gerne, bleiben aber immer im Konjunktiv und in unserer persönlichen Komfortzone. Denn schließlich könnte es ja auch schiefgehen. Schwer werden. Oder sogar unmöglich sein. Wir könnten scheitern. Es könnte peinlich werden. Oder noch schlimmer: schmerzhaft. Schluss damit. Hören wir auf mit dem Grübeln, Zweifeln und Hadern. Werden wir endlich aktiv.

Denn nur dann wird es uns gelingen, das Leben in vollen Zügen zu genießen und glücklich zu werden. Die Möglichkeiten liegen schließlich immer vor uns, wir müssen sie nur ergreifen. Und Träume gehen dann in Erfüllung, wenn wir nicht nur an sie glauben, sondern auch etwas dafür tun. Wir würden heute nicht in einem Auto sitzen, unser elektrisches Licht einschalten oder in ein Flugzeug steigen, wenn es nicht irgendwann einmal Menschen gegeben hätte, die den Mut hatten, an ihre Ideen, Visionen und Erfindungen zu glauben und diese auch umzusetzen.

Die Welt gehört nun einmal den Machern und nicht den Dampfplauderern.

„Das ist ja schön und gut", sagen Sie jetzt vielleicht und schütteln den Kopf. „Aber ich bin ein Feigling." Dann hören Sie eben auf damit, einer zu sein. Ganz einfach. Jeder von uns kann sich weiterentwickeln, die Angst hinter sich lassen, etwas bewegen, wachsen. Wir müssen nur einfach mal damit anfangen. Vor allem Großen zu fliehen, das führt schließlich zu keinerlei Größe. Und nichts ist vergleichbar mit dem Glücksgefühl, wenn wir ein Ziel endlich erreicht haben. Und wenn nicht, ist es auch nicht so schlimm. Dann haben wir es wenigstens versucht.

GUTE FREUNDSCHAFTEN

„Ein wahrer Freund trägt mehr zu unserem Glück bei, als tausend Feinde zu unserem Unglück", schrieb einst die österreichische Erzählerin Marie Freifrau von Ebner-Eschenbach. Freundschaft ist tatsächlich etwas Wunderbares, finden Sie nicht auch?

Was wäre schließlich Winnetou ohne Old Shatterhand, Heidi ohne Peter, Dick ohne Doof, Ernie ohne Bert oder Asterix ohne Obelix? Längst ist auch wissenschaftlich erwiesen, wie dringend wir gute Freunde brauchen. Laut einer Studie macht gemeinsames Lachen, Weinen und Reden glücklich – und das tut nicht nur unseren Freundschaften, sondern auch unserem Wohlbefinden gut.

Wann haben Sie sich denn eigentlich zum letzten Mal mit einem Freund oder einer Freundin getroffen, über ihr Leben geredet oder gemeinsam etwas unternommen? „Das ist leider viel zu lange her", denken Sie jetzt vielleicht. Mit diesem Gedanken sind Sie nicht allein. Denn leider nehmen wir uns im stressigen Alltag oft zu wenig Zeit für unsere alten Freundschaften.

Dank sozialer Netzwerke und Messenger-Dienste ist die Kommunikation heutzutage zwar viel einfacher geworden, aber leider auch oft viel oberflächlicher. Wir können inzwischen auch über eine größere Distanz Kontakt halten. Doch zugleich trifft man sich auch mit Freunden, die gar nicht weit entfernt wohnen, immer seltener persönlich. Warum eigentlich?

» Freundschaft, das ist wie Heimat. «

Kurt Tucholsky, Schriftsteller

„Gute Freunde kann niemand trennen", das wusste schon Franz Beckenbauer. Doch ganz so einfach ist das eben auch wieder nicht. Denn eine Freundschaft muss gepflegt werden, damit sie auch weiterhin als solche bestehen bleibt. Denn fehlt auf Dauer das gemeinsame Erleben und das Teilnehmen am Leben des anderen, so wird auch die beste Freundschaft irgendwann einmal im Sande verlaufen.

Wenn Sie mal wieder das Gefühl haben, zu wenig Zeit zu haben, ist eben ein bisschen Kreativität gefragt. Sie müssen ja nicht immer alleine zum Einkaufen gehen, Sport treiben, zu Abend essen oder die Kinder vom Ferienlager abholen. Tun Sie das doch am besten zusammen mit Freunden. Das fördert nicht nur Gemeinsamkeiten und Vertrauen, sondern macht wahrscheinlich auch viel mehr Spaß als allein.

Auf was warten Sie also noch? Nehmen Sie den Telefonhörer in die Hand und laden Sie einen alten Freund oder eine alte Freundin zum Essen ein. Das macht gleich doppelt glücklich, denn: Eine andere aktuelle Umfrage in Großbritannien zeigt, dass es eine gute Idee ist, in Gesellschaft zu essen. Wer alleine isst, ist laut Umfrageergebnis im Schnitt weniger glücklich.

SICH ÖFTER EINE PAUSE GÖNNEN

„Die Zeit vergeht nicht schneller als früher, aber wir laufen eiliger an ihr vorbei", erkannte Schriftsteller George Orwell so treffend. Wünschen Sie sich auch immer öfter, einfach mal abschalten zu können? Ein Wunsch, den Sie ernst nehmen sollten. Denn nur im Ruhezustand können wir uns regenerieren. Machen Sie also Pause und entspannen Sie sich.

„Schon wieder eine Woche vorbei." „Was, so lange ist das schon her?" „Es fühlt sich an, als wäre es erst gestern gewesen ..." Kommt es Ihnen auch manchmal so vor, als würde die Zeit immer schneller vergehen? Kein Wunder: Denn seit Anfang des 19. Jahrhunderts hat sich laut einer wissenschaftlichen Studie unser Kommunikationstempo um das Zehnmillionenfache beschleunigt, unsere Reisegeschwindigkeit verhundertfacht.

Dafür schlafen wir durchschnittlich zwei Stunden weniger pro Nacht, viel zu selten gönnen wir uns eine Pause. Höchste Zeit, das wieder öfter zu tun. Schon nach kurzer Zeit werden Sie merken, dass Sie sich wesentlich besser fühlen, Konflikten gelassener gegenübertreten und deutlich mehr Freude am Leben haben. Schon verschiedene kurze Übungen, die Sie bei Bedarf öfter wiederholen können, helfen dabei.

Beginnen Sie zum Beispiel damit, bewusster zu gehen. Gehen Sie langsam hin und her und konzentrieren Sie sich auf den Bewegungsablauf. Auch beim Warten können Sie wunderbar entspannen: Sie atmen drei- bis viermal ein und aus und spüren dabei bewusst die Atembewegung in Ihrem Körper. Die Wahrnehmung des Atems ist die wichtigste Hilfe, um unsere Aufmerksamkeit vom Denken abzulenken und auf den gegenwärtigen Moment zu lenken.

Auch Zeichnen und Malen kann helfen, dafür müssen Sie kein künstlerisches Talent haben. Kritzeln Sie Spiralen, Achten, Kreise oder einfach das Haus vom Nikolaus. Durch monotone, nicht zielgerichtete Tätigkeiten entspannen Sie Ihren Verstand.

Es gibt noch viele andere Möglichkeiten, zwischendurch zu entspannen. Singen Sie im Auto, kümmern Sie sich um Ihre Zimmerpflanzen, werfen Sie vor der Tür ein paar Bälle, machen Sie einen Spaziergang, bei dem Sie sich bewusst auf Ihre Umgebung konzentrieren, schauen Sie ein lustiges Video an, kraulen Sie Ihr Haustier, trinken Sie in Ruhe einen Tee und zünden Sie sich eine Kerze an, machen Sie ein paar Yogaübungen oder legen Sie einfach mal entspannt für einige Minuten die Beine hoch.

Wichtig ist, dass Ihnen klar wird: Sie müssen nicht permanent irgendetwas.

Streichen Sie das Wort „müssen" doch mal einige Zeit aus Ihrem Wortschatz, fangen Sie am besten heute noch damit an. Versuchen Sie, immer ganz bei der Sache zu sein, die Sie gerade tun. Denken Sie in Ihrer Pause nicht schon wieder daran, was danach erledigt werden muss. Dann werden Sie auch bald feststellen, dass Sie gefühlt mehr Zeit haben, auch wenn der Zeiger auf der Uhr genauso schnell seine Runden zieht wie immer. Probieren Sie es aus, denn meistens findet sich das Glück in der Pause.

EINFACH MAL DEN STECKER ZIEHEN

„Je stiller es ist, desto mehr kannst du hören", sagt ein chinesisches Sprichwort. Doch heutzutage ist es schwer geworden mit der Stille. Immer öfter wird uns alles viel zu viel. Wir sind gestresst, unkonzentriert, fahrig, erschöpft. Ziehen Sie doch öfter mal den Stecker und genießen Sie die herrliche Ruhe.

Der Radiomoderator erzählt lautstark sinnlose Banalitäten, bevor der nächste Song losdudelt. Das Handy klingelt, der Computer piept, draußen hupt ein Auto. Die Kinder haben den Fernseher schon wieder viel zu laut aufgedreht, lautes Schreien ist aus dem Wohnzimmer zu hören – und unsere nette Sprachassistentin Alexa auf der Kommode fragt, ob wir noch einen Wunsch haben …

Haben Sie manchmal auch das Gefühl, dass alles immer greller, immer schneller und immer lauter wird? Kein Wunder, denn laut Wissenschaft ist unser Gehirn einfach nicht gemacht für diese moderne Welt, in der ständig jemand Daten, Töne und Aufforderungen über uns auszuschütten scheint. Es stammt noch aus der Zeit, als man nachts zusammen am Feuer saß, nichts als den Sternenhimmel über und die Geräusche der Natur um sich.

Die Hirnforschung weiß längst, wie wichtig und wirksam schon einige Minuten Stille für uns sind.

Denn laute Geräusche lassen nicht nur unseren Blutdruck ansteigen und erhöhen das Herzinfarktrisiko, sie beeinträchtigen unsere ganze Gesundheit. Lärm aktiviert die Amygdala im Gehirn, die daraufhin das Stresshormon Cortisol ausschüttet. Stille dagegen bewirkt das Gegenteil. Eine aktuelle Studie zeigte jetzt: Schon zwei stille Minuten können uns deutlich entspannen, den Blutdruck senken und den Blutfluss im Gehirn stimulieren. Dem Gehirn tut es unglaublich gut, wenn der Strom der Reize, die ständig darauf einströmen, auch einmal unterbrochen wird.

Denn diese Reize ununterbrochen verarbeiten zu müssen, belastet den präfrontalen Kortex. Unsere Aufmerksamkeitsspanne leidet darunter. Genauso wie unsere Fähigkeit, komplexe Dinge zu durchdenken, Entscheidungen zu treffen und Probleme zu lösen. Je länger wir dem Gehirn keine Pause gönnen, desto müder und unmotivierter wird es.

Deswegen: Lassen Sie uns doch einfach mal den Stecker ziehen. Uns einfach mal ein bisschen Stille gönnen. Sie werden schnell merken, wie gut das tut. „Die Stille stellt keine Fragen, aber sie kann uns auf alles eine Antwort geben", schreibt Schriftsteller Ernst Ferstl. Probieren Sie es aus. Gehen Sie doch mal wieder im Wald oder am See spazieren, schalten Sie zu Hause alle technischen Geräte und Lärmquellen aus. Oder starren Sie ruhig einfach mal die Wand an. Setzen Sie sich mit einer Tasse Tee in den Garten oder auf eine Parkbank und genießen Sie einfach die Ruhe.

Lassen Sie die Gedanken schweifen, hören Sie einmal nur auf Ihre Gefühle, schwelgen Sie in Erinnerungen und entwickeln Sie neue Ideen. Herrlich, was man mit so ein bisserl Stille alles anfangen kann, nicht wahr?

Aber jetzt: Psssst!

GLÜCK
LERNEN

OPTIMISMUS ZUM FRÜHSTÜCK

Kaffee, Tee, Rührei, Toast, Vollkornbrot, Müsli, Joghurt, Butter, Honig, Marmelade, Käse, Schinken, frisches Obst – was gibt es heute bei Ihnen zum Frühstück? Egal wie Ihr Start in den Tag kulinarisch aussieht, legen Sie in jedem Fall auch ein bisschen Optimismus auf den Teller.

Die Hoffnung, dass alles klappen wird, ist nicht nur ein Gedanke, sondern eine Notwendigkeit, die Sie sich jeden Morgen einprägen sollten. Genauso wie Ballaststoffe und Vitamine gehört also auch Optimismus zu einem ausgewogenen Frühstück.

Dabei geht es gar nicht nur um positives Denken, sondern um eine Lebensart. „Ein Optimist ist ein Mensch, der alles halb so schlimm oder doppelt so gut findet", wusste schon Heinz Rühmann. Fest steht: Durch Ihre Gedanken können Sie tatsächlich Ihre Realität verändern.

Bestimmt kennen Sie das: Ein alter Freund ruft nur an, um Ihnen Negatives und Furchtbares zu erzählen, um über Gott und die Welt zu schimpfen. Er hat vielleicht Unglück erlebt, sein Leben ist nicht wie erwartet gelaufen. Seine Einstellung zum Leben hat sich verändert und ist nicht mehr positiv.

Viele Menschen dramatisieren ihr Leben leider immer wieder unnötig. Anstatt mit Hoffnung und positiver Erwartung in die Zukunft zu blicken, leben sie ihre persönliche Frustration täglich aus. Glücklich wird man so sicher nicht. Negative Ereignisse sollten akzeptiert und überwunden werden, um daraus zu lernen. Denn

> **» Was du denkst, bist du. Was du bist, strahlst du aus. Was du ausstrahlst, ziehst du an. «**
>
> *Siddhartha Gautama, bekannt auch als Buddha*

unsere Gedanken und Gefühle auf Negatives zu beschränken, bedeutet das Eintauchen in einen tiefen, schwarzen Tunnel. Das kann nicht selten sogar zu Depressionen führen. Lassen Sie das gar nicht erst zu.

Glücksforscher sind sich sicher: Ein offener, positiver und flexibler Mensch, der seine Misserfolge oder Verluste nicht dramatisiert, kann seine eigene Realität erschaffen. Wenn Sie es am wenigsten erwarten, läuft dann alles wie am Schnürchen. Eben deswegen, weil Sie es selbst zulassen, weil Sie Ihren Alltag selbst gestalten und Ihrem persönlichen Wachstum nicht selbst im Weg stehen.

Lassen Sie die Dinge auf sich zukommen, bleiben Sie mit beiden Füßen auf dem Boden – und bewahren Sie gleichzeitig positive Hoffnung, ohne dabei Ihre Fähigkeiten zu vergessen. Dann klappt alles gleich viel besser. Oder um es mit Theodor Heuss zu sagen: „Der einzige Mist, auf dem nichts wächst, ist der Pessimist."

Vergessen Sie also neben Kaffee, Tee, Eiern und Müsli den Optimismus zum Frühstück nicht. Dieser bekommt Ihnen garantiert nicht nur bestens, er macht auch kein bisschen dick – dafür aber garantiert glücklich.

GANZ UND GAR NICHT PERFEKT

„Perfekt ist etwas immer erst dann, wenn es nicht mehr realisierbar ist", erkannte Dichterin Damaris Wieser richtig. Gestatten Sie sich selbst doch einfach auch einmal, ganz und gar nicht perfekt zu sein – und sich selbst mit allen Fehlern und Tugenden zu akzeptieren und zu lieben.

Die Waage soll das Idealgewicht anzeigen, das Auto frisch poliert glänzen, die Frisur richtig sitzen, die Beziehung immer harmonisch laufen. Die Projektarbeit im Job sollte genial sein, die Kinder sollen immer nur gute Noten schreiben und der Rasen im Garten soll immer tadellos gemäht sein. Gehören Sie auch zu den Menschen, bei denen alles immer perfekt sein soll?

Tut mir leid, wenn ich ihnen das so sagen muss: Glücklich werden Sie so sicher nicht. Denn das Glück besteht aus kleinen Momenten, die man zu schätzen wissen sollte. Wichtig dabei ist, sich selbst so zu akzeptieren und zu lieben, wie man eben nun einmal ist.

Sie essen eben einfach zu gern, um wie ein Model auf dem Laufsteg auszusehen? Wunderbar, dann genießen Sie es. Sie sind nicht zum Abteilungsleiter befördert worden, aber Sie lieben Ihren Job? Prima, freuen Sie sich darüber. Sie liegen eben lieber in der Hängematte im Garten statt sich täglich ins Fitnessstudio zu quälen? Bestens, entspannen Sie sich! Sich selbst akzeptieren ist ein Abenteuer, auf das man sich einlassen sollte.

Denn sobald wir uns mit uns selbst glücklich fühlen, mit unserer Wesensart, mit dem, was wir haben und sind, können wir inneres Gleichgewicht und Gemütsruhe finden. Wie schrieb Oscar Wilde so schön: „Sei immer du selbst, alle anderen sind schon vergeben."

Manche verschwenden alle ihre Energie darauf, sich und der Welt ein Leben lang etwas vorzuspielen, das überhaupt nicht existiert. Und nicht nur das: Sie können ihr Selbst nicht akzeptieren und unternehmen große Anstrengungen dieses und jenes zu verändern, um ihre Ideen und den ersehnten Idealzustand zu erreichen, der fast nie der Realität entspricht.

Machen Sie sich immer klar: Das Leben ist nicht perfekt. Die absolute Vollkommenheit existiert nicht. Und wenn, dann wäre diese doch auch ganz schön langweilig. Oder etwa nicht? Wer etwas von Schönheit versteht, weiß, dass die stärkste Anziehungskraft in der Unvollkommenheit liegt. Die Frage nach dem Warum ist sehr einfach zu beantworten: Die Unvollkommenheit macht jeden Menschen einzigartig, unwiederholbar und verleiht eine ganz besondere Ausstrahlung.

Wenn Sie sich so akzeptieren, wie Sie sind, mit allen Fehlern, Mankos und Schwächen, können Sie mit sich selbst im Einklang sein und Ihr Leben genießen. Seien Sie ehrlich: Wen interessiert es schon, ob Ihre Frisur und Ihre Kleidung perfekt sitzen? Wer liebt Sie mehr, nur weil Sie die beste Arbeit abgeliefert haben oder weil Sie Traummaße besitzen? Seien Sie doch einfach mal etwas weniger perfekt, lassen Sie ruhig auch mal die Fünf gerade sein – Sie werden sich wundern, wie entspannt das Leben dann sein kann.

Und noch ein Vorteil: Wenn Sie weniger Energie darauf verschwenden, dass alles perfekt sein muss, bleibt viel mehr Zeit für die schönen Dinge, die Ihnen persönlich guttun und die Sie gerne machen. Außerdem führt es dazu, dass Sie mit der Welt, die Sie umgibt, im Gleichgewicht sind und sich wohlfühlen. Denn wer sich selbst akzeptiert, gibt auch den Menschen um sich herum ein gutes Gefühl.

Nehmen Sie sich also vor, jeden Tag ein bisschen weniger perfekt, dafür jedoch menschlicher und glücklicher zu sein.

EINFACH LEBEN

„Das Leben ist einfach, doch wir bestehen darauf, es kompliziert zu machen", erkannte schon Konfuzius vor mehreren Jahrtausenden. Seien Sie ehrlich: Freiheit, Unbeschwertheit und mehr Zeit für das Wesentliche – eigentlich träumen wir doch alle von einem einfachen Leben.

Stattdessen arbeiten wir immer mehr, um uns dauernd das Neueste und Beste leisten zu können. Nicht nur unsere Schränke sind übervoll, sondern auch unser Terminkalender. Wir plagen uns mit Aktivitäten und Beziehungen herum, die uns eigentlich keine Freude machen und uns sogar in der Freizeit noch stressen. Fast immer laufen gleichzeitig mehrere elektronische Geräte, wir verbringen täglich Stunden vor Fernseher, Computer und mit dem Smartphone. Mit einem einfachen Leben hat das alles sehr wenig zu tun – und glücklich macht uns das auf Dauer nicht.

Wenn uns Meinungsforscher fragen, wie wichtig materielle Dinge für unser Glück sind, kreuzen tatsächlich die meisten von uns ganz weise an: nicht wichtig. Doch bei der Aussage „Ich verzichte bewusst auf vieles, was ich mir eigentlich leisten könnte" stimmen dann nur noch sechs Prozent zu. Ich frage Sie: Wie passt das zu-

sammen? Warum lesen so viele Menschen Ratgeber, die das Leben einfacher machen sollen, lassen sich dann aber doch lieber berieseln statt einfach mal ihr Leben selbst zu gestalten?

„In einer überaus schnelllebigen Zeit ist es rational, kurzfristig zu realisierende Befriedigungen zu suchen (wie sie das Fernsehen liefert), statt auf nur langfristig sich erfüllende Befriedigungen zu setzen (die wir nach drei Jahren des Übens aus dem Geigenspiel ziehen mögen)", schreibt Soziologe Hartmut Rosa in seinem Buch „Beschleunigung und Entfremdung".

Und dabei kann es doch so einfach sein mit dem einfachen Leben. Gehen Sie wieder öfter zu Fuß, dann müssen Sie sich nicht hinter dem Steuer ärgern und brauchen auch kein Benzin. Legen Sie im Garten Ihr eigenes Gemüsebeet an, kochen Sie mit frischen Zutaten. Verbringen Sie mehr Zeit draußen statt vor dem Fernseher.

Sie werden bald merken, wie gut Ruhe, Einfachheit und Natur tun. Trinken Sie Wasser aus dem Hahn statt unnötig Kästen zu schleppen, reparieren Sie kaputte Sachen mal wieder selbst statt sich etwas Neues zu kaufen. Entrümpeln Sie Ihr Haus oder Ihre Wohnung und verzichten Sie auch in Zukunft auf alles, was Sie nicht wirklich brauchen. Dann müssen Sie auch keine unnötigen Überstunden mehr machen.

Leben Sie einfach – und werden Sie glücklich.

ERLEBEN STATT KAUFEN

„Was man erlebt, kann einem kein Gott mehr rauben", sagte Autor Roman Hamerling. Er erkannte damit schon im vorigen Jahrhundert, was heute immer wieder wissenschaftlich bewiesen wird: Es sind vor allem Erlebnisse, die uns glücklich machen. Glücksforscher plädieren deshalb dafür, Geld für Erlebnisse auszugeben statt für Gegenstände.

Sie haben gerade etwas mehr auf dem Konto und überlegen, ob Sie sich damit einen neuen Fernseher kaufen oder einen Städtetrip buchen? Entscheiden Sie sich auf jeden Fall für die Reise. Dafür sprechen drei gute Gründe: Erstens gewöhnen wir uns schnell an Gegenstände, was dazu führt, dass wir mit einem neuen Fernseher bald auch nicht glücklicher sind als mit dem alten. Zweitens teilen wir so ein Erlebnis wie eine Reise oft mit anderen Menschen – Gemeinschaft ist schließlich eine der größten Glücksquellen überhaupt. Und drittens bleibt der Städtetrip länger im Gedächtnis, wir erinnern uns immer wieder gerne daran.

„Erlebnisse machen uns zu dem, was wir sind", sagt Psychologe Travis Carter von der Universität von Chicago, der sich seit Jahren damit beschäftigt, was Menschen glücklich macht. „Und Erlebnisse tragen zu Erinnerungen erheblich bei."

Weiterhin prägen Erlebnisse unsere Identität, lassen uns Neues erfahren, verschaffen uns Hochgefühle. Wir sind nicht unser neues Auto oder unsere neuen Schuhe. Was unsere Persönlichkeit wirklich ausmacht, das sind die Dinge, die wir gesehen haben, die Orte, die wir besucht haben, und die Leute, die wir kennengelernt haben.

Sicher, das neue Handy ist toll, aber es wird keinen anderen Menschen aus uns machen. Und nach einigen Wochen haben wir uns daran gewöhnt. Es ist nichts Besonderes mehr, mit diesem Smartphone zu telefonieren oder im Internet zu surfen.

Deswegen: Entscheiden Sie sich ruhig öfter für das Erleben statt für das Kaufen. Erklimmen Sie einen Berg, machen Sie einen Fallschirmsprung, gehen Sie den Jakobsweg, planen Sie ein Wochenende in der Natur oder in einer Stadt, die Sie schon immer sehen wollten. Genießen Sie die neuen Erfahrungen, die Aufregung, den Körper, der an seine Grenzen gerät.

Das sind die Geschichten, die wir nie vergessen, die unser Leben prägen. Selbst dann noch, wenn das neue Auto und der neue Fernseher schon lange auf dem Schrottplatz oder dem Wertstoffhof gelandet sind. Und eine verpasste Chance, etwas Besonderes zu erleben, bedauern wir letztlich mehr, als etwas nicht gekauft zu haben. Oder werden Sie einmal auf Ihr Leben zurückblicken und sagen: „Ach, hätte ich mir doch damals nur ein neues Handy gekauft ..." Nein? Na, sehen Sie.

» Zufriedenheit ist ein stiller Garten, in dem man sich ausruhen kann. «

Ernst Ferstl, zufriedener Schriftsteller

DIE ZUFRIEDENHEITSFORMEL

„Wer nicht zufrieden ist mit dem, was er hat, der wäre auch nicht zufrieden mit dem, was er haben möchte", schrieb einmal Schriftsteller Berthold Auerbach. In nur einem Satz fasst er damit wunderbar zusammen, was das Geheimnis eines zufriedenen Lebens ausmacht. Statt immer nur unser Augenmerk auf das zu legen, was uns fehlt, sollten wir uns immer wieder bewusst machen, was wir haben und wofür wir dankbar sein können.

Die Glücksforschung hat längst herausgefunden: Nur etwa zehn Prozent unserer Zufriedenheit hängen tatsächlich von unseren Lebensumständen ab. Viel wichtiger ist dabei unsere Einstellung. Wir haben also die Wahl, zufrieden oder unzufrieden zu sein.

Gehören Sie auch zu denen, die immer nur das sehen, was die anderen haben, das Sie auch gerne hätten? „Die haben sich schon wieder ein neues Auto gekauft." „Warum können wir uns keine Karibikreise leisten?" „Der Kollege ist befördert worden, ich nicht." Hören Sie auf damit. Statt sich ständig damit zu befassen, was bei Ihnen nicht funktioniert oder was Sie nicht besitzen, sollten Sie sich immer wieder bewusstmachen, über welchen Reichtum Sie eigentlich verfügen.

Wenn Ihnen das schwerfällt, können Sie damit beginnen, ein Dankbarkeits-Tagebuch zu führen. Nehmen Sie sich bewusst jeden Abend einige Minuten Zeit, setzen Sie sich mit einer schönen Tasse Tee oder Kaffee in eine bequeme Ecke und schreiben Sie drei Dinge auf, über die Sie sich heute gefreut haben – und für die Sie wirklich dankbar sind. Sie werden schnell merken, dass es mehr Dinge sind, als Sie vielleicht zunächst gedacht haben.

Egal ob Sie dabei nun an Ihre gemütliche, warme Wohnung denken, den vollen Kühlschrank, Ihre Familie, Ihren Job, die netten Kollegen, Ihre Gesundheit, den letzten Urlaub. Ihre Freunde, die immer da sind, wenn Sie sie brauchen. Oder die vielen Kleinigkeiten, die Sie jeden Tag glücklich machen, wie das schöne Glas Rotwein, das gute Buch, das besuchte Konzert, der Spaziergang mit dem Hund, das heiße Bad am Abend, der gute Schlaf in der Nacht.

„Dankbarkeit ist der schnellste Weg zum Glück", weiß auch Psychologieprofessor Barry Beil Kaufmann. Die Grundstimmung, mit der wir durch das Leben gehen, hängt also viel weniger von den Schicksalswendungen in unserem Leben ab, die wir oft als „Glück" oder „Unglück" bezeichnen. Wohlbefinden erreichen wir dauerhaft auch nicht durch euphorische Glücksmomente, denen wir so gerne hinterherjagen, sondern durch ein nachhaltiges Gefühl von Zufriedenheit. Seien Sie dankbar für alles, was Sie haben – und genießen Sie es aus vollen Zügen.

GENIESSEN WILL GELERNT SEIN

„Wer nicht genießt, der wird ungenießbar", sagte einmal Konstantin Wecker. Und schon der gute alte Goethe wusste: „Kein Genuss ist vorübergehend. Denn der Eindruck, den er zurücklässt, ist bleibend." Wann haben Sie eigentlich zum letzten Mal etwas richtig genossen?

Vielleicht denken Sie jetzt an das gute Glas Wein, das Sie auf Ihrem Balkon getrunken haben, das Stück Lieblingskuchen, den jemand extra für Sie gebacken hat, oder an den langen Spaziergang, den Sie mit der oder dem Liebsten bei Sonnenuntergang gemacht haben. Tatsächlich sind es meistens die kleinen Dinge, die wir so richtig genießen. Das Stück köstliche Schokolade zum Beispiel, die entspannende Fußmassage, das duftende Schaumbad oder die schöne Aussicht von einem hohen Berg.

„Genießen tut gut, schafft Wohlbefinden und ist der Inbegriff vom lustvollen Leben", sagt Psychologe und Genussforscher Dr. Rainer Lutz. Von ihm stammen auch sieben Genussregeln, diese sollen einfache Anregungen für das richtige Genießen schaffen. Das Wichtigste vorab: Genuss braucht Zeit. Diese sollten wir uns regelmäßig nehmen. Tatsächlich sind Stress und Hektik die Genusskiller Nummer eins. Wichtig: auch mal einen Moment innehalten, um im Augenblick zu schwelgen. „Je aufmerksamer wir mit dem umgehen, was uns umgibt, je mehr wir uns angewöhnen, genau zu schmecken oder zu riechen, und all diese Reize variieren, desto differenzierter wird unser Urteil sein", so der Experte.

„Es ist ein Irrtum zu glauben, dass unsere Sinne einfach so funktionieren. Was wir haben, sind Möglichkeiten, und die verkümmern, wenn wir sie nicht regelmäßig nutzen." Und das wäre doch sehr schade, finden Sie nicht? Also lassen Sie uns doch das Genießen wieder lernen. Laut Genussregeln sollen wir uns angenehme Erfahrungen nicht verbieten oder diese als Luxus ansehen, uns selbst aussuchen, was uns guttut und die nötigen Erfahrungen sammeln. Denn nur so lernen wir uns selbst kennen, und es erschließen sich weitere Genussbereiche.

Außerdem unverzichtbar: Genuss kann nicht einfach so nebenher erlebt werden, das Genießen braucht unsere vollständige Aufmerksamkeit. Schwelgen Sie also auch mal im Augenblick und kosten Sie jeden Genussmoment so richtig aus. Auch beim Genießen gilt übrigens: Weniger ist mehr. Auch wenn wir vielleicht zunächst gar nicht genug bekommen können von dem, was wir so sehr genießen, sollten wir eine Übersättigung vermeiden. Denn dann ist es schnell vorbei mit dem Genuss.

GENUSS IST EINSTELLUNGSSACHE

Die meisten Deutschen sehen sich selbst als Genießer. Bei einer Umfrage von Forsa in Berlin gaben 73 Prozent der Befragten an, sich für einen Genussmenschen zu halten. Geld spielt laut der Umfrage beim Genuss keine besondere Rolle. 94 Prozent der Befragten sagen, dass Genuss Einstellungssache sei: Entscheidend sei die Fähigkeit, genießen zu können.

(Quelle: Forsa Gesellschaft für Sozialforschung und statistische Analysen)

Denken Sie an das Stück Lieblingskuchen: Könnten Sie es immer noch so genießen, wenn Sie es jeden Tag essen würden? Eben. Jede Leibspeise verliert ihren Reiz, wenn man sie täglich und reichlich zu sich nimmt. Gewisse Enthaltsamkeit hin und wieder ist wichtig, um so richtig genießen zu können. Sonst kann es schnell passieren, dass wir in die sogenannte „hedonistische Tretmühle" tappen. Damit ist gemeint, dass wir uns an alles Schöne gewöhnen – und unsere Ansprüche steigen, da wir immer mehr brauchen, um ein gewisses Genusslevel zu erreichen.

Lassen Sie uns also nicht einfach gedankenlos konsumieren, sondern wieder das Genießen und Wertschätzen lernen. Ich wünsche Ihnen viele genussvolle Momente.

LEBEN FÜR DEN AUGENBLICK

„Es gibt nur zwei Tage im Jahr, an denen man nichts tun kann", sagt der Dalai Lama. „Der eine ist gestern, der andere morgen. Das bedeutet: Heute ist der richtige Tag zum Lieben, Glauben – und in erster Linie zum Leben." Das Geheimnis des Glücks ist es tatsächlich, im Hier und Jetzt zu leben und jeden Augenblick zu genießen.

» Die wichtigste Stunde im Leben ist immer der Augenblick. «

Leo Tolstoi, russischer Schriftsteller

„Werde ich meinen Job behalten?" „Wird es uns in zehn Jahren immer noch so gut gehen?" „Hätte ich das doch damals anders gemacht!" „Wenn ich mehr gelernt hätte, hätte ich die Prüfung geschafft. Dann würde mein Leben vielleicht ganz anders aussehen." „Wäre ich damals nicht so stur gewesen, hätte die Ehe vielleicht gehalten." „Was mache ich, wenn die Krankheit wiederkommt?" „Ich mache nun noch mehr Überstunden, ich muss doch an die Zukunft denken."

Kommen Ihnen einige dieser Gedanken bekannt vor? Gehören Sie auch zu den Menschen, die die Gegenwart nicht genießen können, weil sie über Vergangenes oder Zukünftiges grübeln? Dann hören Sie sofort auf damit. Denn glücklich macht das nämlich nicht.

Längst ist es wissenschaftlich erwiesen: Menschen, die im Augenblick leben und sich keine Sorgen um die Zukunft machen, sind besonders zufrieden mit ihrem Leben. „Schön und gut“, denken Sie jetzt vielleicht. „Da gehöre ich aber nicht dazu.“ Die gute Nachricht ist: So ein Verhalten ist nicht angeboren. Jeder kann lernen, weniger zu grübeln und mehr im Hier und Jetzt zu sein.

Vielleicht sind Sie sogar beim Lesen dieser Zeilen gedanklich wieder abgeschweift, haben überlegt, wo Sie Ihren Geldbeutel hingelegt haben, was Sie später noch einkaufen oder kochen wollen. Die Fähigkeit unseres Gehirns, Vergangenheit und Zukunft betrachten zu können, macht sich leider sehr schnell selbstständig. Meistens sind wir irgendwo mit unseren Gedanken – nur nicht in diesem Augenblick, in dem wir uns gerade befinden.

Seien Sie nur bei dem, was Sie im Moment tun. Tun Sie es mit ganzem Herzen – und in Ruhe. Egal ob Sie gerade arbeiten, spazieren gehen, ein Buch lesen, Essen kochen oder den Rasen mähen. Lassen Sie sich durch nichts davon ablenken.

Sich auf jeden Moment mit allen Sinnen einzulassen, das ist das ganze Geheimnis.

Denken Sie daran: Die Vergangenheit ist vorbei, die Zukunft eine Illusion. Egal wie schrecklich oder schön der gestrige Tag gewesen sein mag – er ist vergangen, vorbei, vorüber. Und egal wie schön Sie sich den morgigen Tag ausmalen – gerade eben ist er nichts als eine Vorstellung in Ihrem Kopf. Alles, was in Ihrem Leben passiert, das passiert jetzt. Genau in diesem Moment. Tun Sie also jetzt genau das, was Sie tun möchten und was Sie für richtig halten. Und vor allem das, was Sie glücklich macht.

MEHR GELASSENHEIT

Wir sind alle furchtbar aufgeregt. Immer und überall. Schließlich ist es ja unser gutes Recht, unsere Meinung zu sagen und uns aufzuregen. Oder etwa nicht? Glauben Sie tatsächlich, die Erregung ist ein Evolutionsfortschritt? Oder macht sie nur ansatzweise glücklich und zufrieden? Ich befürchte, da muss ich Sie enttäuschen. Wer sich ständig maßlos aufregt, schadet sich und den anderen mehr, als er sich bewusst ist.

„Das darf doch nun wirklich nicht wahr sein!" „Geht's noch?!" „Ich glaube, ich spinne!" „Sind denn alle bekloppt geworden?" „Nein, das ist nicht egal! Ganz und gar nicht!" Haben Sie sich heute mal wieder so richtig aufgeregt? Über die Nachrichten, das verpatzte Fußballspiel, die Wahlprognosen, den Idioten im Auto vor Ihnen, Ihre besserwisserischen Kollegen, den arroganten Moderator im Fernsehen, das Wetter, die dummen Kommentare in den sozialen Netzwerken, die Politik im Speziellen und Allgemeinen oder den unfreundlichen Nachbarn?

Dann sind Sie sicher nicht allein, denn das Aufregen scheint inzwischen ein wahrer Trend geworden sein. Doch das Aufregen ist nicht nur schlecht für die Laune und die Gesundheit, sondern führt auch dazu, dass wir vor lauter Erregung ganz vergessen, wie es funktioniert, zwischen wichtigen und unwichtigen Dingen zu unterscheiden.

Und dazu, dass wir vergessen, dass es nicht nur extrem Schreckliches und extrem Hochgelobtes gibt, sondern eben auch ein ganz entspanntes Dazwischen. Ein Dazwischen, in dem wir uns so richtig wohlfühlen können, wenn wir es nur zulassen und endlich wieder gelassener werden. Doch was bedeutet Gelassenheit eigentlich? Die Antwort finden wir schon im Wort selbst: etwas ruhig betrachten und einfach lassen, wie es ist. Gemeint ist damit sicher nicht hoffnungsloser Fatalismus, sondern innere Ruhe oder Ausgeglichenheit. Sich weniger aufregen eben.

„Nehmen Sie die Menschen, wie sie sind. Andere gibt es nun mal nicht", riet Ex-Bundeskanzler Konrad Adenauer. Auch im alten Rom wusste Marc Aurel bereits: „Es wäre dumm, sich über die Welt zu ärgern, denn sie kümmert sich nicht darum." Und ein chinesisches Sprichwort sagt: „Nur in einem ruhigen Teich spiegeln

sich die Sterne." Deswegen: Hören Sie auf, sich ständig aufzuregen. Sonst könnte es sein, dass Sie viele glückliche Momente in Ihrem Leben einfach verpassen.

Atmen Sie in aller Ruhe durch und denken Sie darüber nach, ob es in den meisten Situationen nicht einfach besser wäre, besonnener reagieren zu können. Konflikte mit Ihren Mitmenschen in Ruhe zu lösen, statt einfach nur aus der Haut zu fahren und sich gegenseitig zu beschimpfen. Gelassenheit kann man tatsächlich lernen. Dabei helfen nicht nur regelmäßige Atemübungen oder Meditation, sondern auch Aufenthalte in der Natur. Regen Sie sich aber nicht zu viel auf, wenn es beim Spaziergang anfängt zu regnen oder zu viel Müll am Wegesrand liegt. Dafür gibt es Regenjacken und Mülltüten.

AUF DEN KÖRPER HÖREN

Dauernd müde und schlapp? Immer öfter Rückenschmerzen oder Migräne? Schon wieder eine Erkältung eingefangen? Ich rate Ihnen, mal in sich hineinzuhören. Denn oft ist der physische Zustand ein deutlicher Ausdruck davon, wie es uns psychisch geht. „Unser Körper hört alles, was unser Verstand sagt", meinte Musikerin und Schauspielerin Naomi Judd einmal so schön.

Und auch die Wissenschaft weiß längst, wie eng Körper, Geist und Psyche zusammenhängen. Leider haben wir in der ganzen Hektik viel zu oft unsere Balance verloren, nehmen die Signale unseres Körpers gar nicht mehr oder viel zu spät wahr. Wir schlafen zu wenig, essen zu viel und bewegen uns kaum. Wir setzen uns ständig selbst unter Stress, machen viel zu lange To-do-Listen und verzichten auf notwendige Nährstoffe. Funktioniert irgendetwas nicht so, wie es funktionieren sollte, werfen wir schnell eine Tablette ein oder laufen zur „Reparatur" zum Arzt.

Wir behandeln unseren Körper wie eine Maschine auf Autopilot – und nicht wie einen Teil von uns selbst. Eigentlich ganz schön dumm, nicht wahr? Doch es ist nie zu spät, um zu lernen, auf unseren Körper zu hören und ihm das zu geben, was er braucht. „Den Körper in guter Gesundheit zu wahren ist eine Verpflichtung. Sonst ist es uns nicht möglich, unseren Verstand stark und klar zu halten", wusste auch schon Siddhartha Gautama, der uns als Buddha bekannt ist.

Leider haben viele von uns vor allem gelernt, dass wir funktionieren müssen – im Job, als Eltern, als Partner. Gehören Sie auch zu denen, die Unwohlsein und Schmerzen lieber ignorieren, als zugeben zu müssen, dass Sie gerade nicht funktionieren? Hören Sie auf damit. Niemand hat etwas davon, wenn Sie irgendwann zusammenklappen, weil Sie viel zu wenig auf Ihren eigenen Körper gehört haben. Nehmen Sie sich lieber die nötige Zeit und finden Sie heraus, was die Ursache hinter den Symptomen ist.

Wenn Sie das nächste Mal nicht schlafen können, überlegen Sie, was es ist, das Sie nicht zur Ruhe kommen lässt. Lassen Sie uns endlich wieder die Beziehung zu unserem Körper pflegen. Dabei hilft nicht nur Meditation, sondern auch Bewegung. Lassen Sie uns Dinge wieder langsam und achtsam tun, öfter in uns hinein schauen als hinaus. Denn eigentlich weiß unser Körper ganz genau, was uns guttut – und was eben nicht. Wir müssen nur endlich wieder auf ihn hören.

GLÜCK IST ANSTECKEND

„Glück ist das Einzige, was sich verdoppelt, wenn man es teilt", so ein chinesisches Sprichwort. Wir haben also gute Chancen, selbst glücklich zu sein, wenn wir von glücklichen Menschen umgeben sind.

Nicht nur Windpocken, Masern oder Schnupfen sind ansteckend – sondern auch das Glück. Ja, Sie haben schon richtig gelesen. Glück kann sich tatsächlich ausbreiten wie eine Epidemie. Eine Langzeitstudie von James Fowler von der University of California und Nicholas Christakis von der Harvard University, die im „British Medical Journal" veröffentlicht wurde, beweist: Ein Mensch ist glücklich, wenn er von glücklichen Menschen umgeben ist.

Schauen Sie sich also einmal in Ihrem Umfeld um: Wie sieht es mit Ihrem Partner aus, Ihren Nachbarn und Ihren Arbeitskollegen? Blicken Sie in zufriedene, lachende Gesichter? Oder müssen Sie sich schon morgens mit hängenden Mundwinkeln und chronischem Gejammer herumschlagen? Ist das der Fall, dann sollten Sie ernsthaft darüber nachdenken, ob Sie nicht die falschen Leute um sich herum haben.

Sie müssen ja nicht gleich den Job wechseln. Denn während die Launen der Arbeitskollegen laut Fowler und Christakis offenbar keine größeren Auswirkungen auf den eigenen Gefühlszustand haben, können Freunde und Nachbarn das Glück eines Menschen erheblich beeinflussen. Weiterhin ist die geographische Nähe wichtig. So ist die Wahrscheinlichkeit für einen Menschen, glücklich zu sein, um 25 Prozent größer, wenn ein glücklicher Freund weniger als 1,6 Kilometer weit weg wohnt. Glückliche Nachbarn erhöhen die Wahrscheinlichkeit um 34 Prozent.

Ein Umzug macht also mehr Sinn als ein Jobwechsel – vorausgesetzt natürlich, Ihre neuen Nachbarn sind glückliche Menschen und geben Ihnen von Ihrem Glück ein Stück ab. Es funktioniert aber auch anders herum. Sie können versuchen, genau der Nachbar zu werden, der die anderen um sich herum glücklich macht. Ist das nicht eine gute Idee?

Die Soziologen stellen auch Vermutungen darüber an, wie sich Glück übertragen könnte. „Möglicherweise sind zufriedene Menschen anderen gegenüber hilfsbereiter und großzügiger als unzufriedene", so deren Aussage. Worauf warten Sie also noch?

Legen Sie erst einmal das Buch zur Seite und schauen Sie mal wieder bei Ihren Nachbarn vorbei. Bringen Sie ihnen ein Stück Kuchen oder fragen Sie, ob Sie deren Hecke später gleich mit schneiden sollen. Vergessen Sie nicht, dabei zu lächeln – und vor allem: Seien Sie ansteckend. Dann klappt es bestimmt mit der Glücks-Epidemie.

DER SCHMETTERLINGS-EFFEKT

„Der Flügelschlag eines Schmetterlings in Brasilien kann in Texas einen Orkan auslösen." Dieses Zitat von Meteorologe Edward Lorenz gab dem Schmetterlingseffekt seinen Namen. Sicher ist auf jeden Fall: Kleine Dinge können große Veränderungen bewirken.

Stellen Sie sich einmal vor, Ihr Auto springt nicht an. Deshalb verpassen Sie ein wichtiges Vorstellungsgespräch und bekommen den Job nicht, für den Sie sich beworben haben. Also beschließen Sie, das Unternehmen zu kontaktieren, bei dem Sie schon immer gerne gearbeitet hätten, auch wenn es keine offizielle Ausschreibung gibt. Ausgerechnet in dieser Woche ist dort jedoch eine Stelle frei geworden – und Sie werden angestellt. Und das alles wäre nicht passiert, wenn Ihr Auto an diesem einen Tag funktioniert hätte. Oder?

Sicher haben Sie schon einmal vom sogenannten Schmetterlingseffekt gehört. Dabei handelt es sich um einen Teil der Chaostheorie nach Physiker James Yorke, die erklärt, dass die Welt nun einmal keinem vorhersehbaren Muster folgt. Ob wir wollen oder nicht, es gibt in unserem Leben immer auch Chaos, diesen Raum

> » Wer ständig glücklich sein möchte, muss sich oft verändern. «
>
> *Konfuzius, Philosoph*

des Zufalls, in dem es unmöglich ist, die Wirkung bestimmter Ereignisse vorherzusagen. Oder wie Schriftsteller Friedrich Dürrenmatt einmal so schön sagte: „Je planmäßiger Menschen vorgehen, desto wirksamer vermag sie der Zufall zu treffen."

Deswegen sollten wir also immer bereit sein, unsere Pläne zu ändern, wenn das Leben es erfordert. Und wir sollten dabei auch immer mit dem Unvorhersehbaren rechnen. Denn so wie der Flügelschlag eines Schmetterlings mit einer Kettenreaktion einen Tornado auf der anderen Seite der Erde auslösen kann, so können auch kleine Gesten und Handlungen große Veränderungen bewirken. Der Schmetterlingseffekt ist längst nicht mehr nur in der Mathematik oder in der Physik von Bedeutung, sondern auch in der Psychologie.

Denn manchmal braucht es nur ein bestimmtes Erlebnis, damit eine Erfahrung für immer in uns bleibt. Oder ein bestimmter Moment ist der Beginn einer großen Leidenschaft, die uns dann ein ganzes Leben begleitet. Genauso hat das, was wir sagen und tun, bestimmte Auswirkungen auf andere Menschen und unser Umfeld. Das sollte uns immer bewusst sein. Wir können auch durch Kleinigkeiten sensationelle Veränderungen herbeiführen, wenn wir im richtigen Augenblick aktiv werden.

Deswegen lassen Sie uns immer freundlich und aufmerksam sein und positive Überraschungen im Leben freudig begrüßen. Auch wenn diese erst einmal so unbedeutend zu sein scheinen wie der Flügelschlag eines Schmetterlings.

TIEF DURCHATMEN

„Es ist und bleibt ein Glück, vielleicht das Höchste, frei atmen zu können", schrieb einmal Theodor Fontane. Für die meisten von uns ist das Atmen einfach selbstverständlich, viele Gedanken machen wir uns darüber nicht. Das sollten wir jedoch ändern. Denn bewusstes, tiefes Atmen kann nicht nur körperliche und geistige Spannungen lösen, sondern auch unsere Aufmerksamkeit ins Hier und Jetzt lenken.

Rund 20 000 Atemzüge machen wir am Tag, bei jedem einzelnen nehmen wir etwa einen halben Liter Luft auf. Die Lunge sorgt dafür, dass unser Organismus mit Sauerstoff aus der Atemluft versorgt wird, im Gegenzug wird im Stoffwechsel anfallendes überflüssiges Kohlendioxid an die Außenluft abgegeben. Atmen ist lebensnotwendig.

Doch das ist längst nicht alles. Es ist möglich, sich regelrecht glücklich zu atmen. „Der Atem ist die Verbindung zwischen Bewusstsein und Körper", sagt Barbara Lutz, Atemphysiotherapeutin und Autorin des Buches „Atmen in Balance". „Atem und Körper bilden ein fein ausbalanciertes Miteinander. Wenn das stimmt, führt das zu mehr Wohlbefinden im Alltag." Verschiedene Atemübungen können dabei helfen, den Körper wieder richtig zu spüren und emotionale Blockaden zu lösen.

» Wenn du aufgebracht bist, tue oder sage nichts. Atme nur ein und aus, bis du ruhig genug bist.« «

Thích Nhất Hạnh, Zen-Meister und Lehrer der Achtsamkeit

Die Basisübung ist ganz einfach und kann immer und überall durchgeführt werden. Sie funktioniert so: Den Atem kraftvoll einströmen lassen, den Atem sanft ausströmen lassen, den Atem ruhen lassen. Dabei besonders auf diese Atempause achten. Weiterhin empfiehlt die Atemtherapeutin: einmal am Tag aus der Puste kommen, um Sauerstoff zu tanken.

Ob wir uns beim Sport auspowern, schnell die Treppe hochlaufen oder im Garten arbeiten, ist dabei völlig egal. Hauptsache, wir kommen dabei einmal kurz außer Atem. Auch sehr wichtig: Ruhig herzhaft gähnen, wenn einem danach ist. Denn das erzeugt Weite und stärkt die Atemmuskulatur. Fakt ist: Je gestresster wir sind, desto oberflächlicher wird unsere Atmung.

Eine bewährte und leicht zu erlernende Entspannungsmethode ist folgende Übung: Durch die Nase einatmen und durch den Mund wieder ausatmen. Dabei bei jedem Ein- und Ausatmen langsam bis fünf zählen und dabei am besten eine Hand auf den Bauch legen und das tiefe Hineinatmen spüren.

Sie können am Feierabend nicht richtig abschalten? Dann empfiehlt sich diese Übung: sich aufrecht und entspannt hinsetzen, die Augen schließen. Mit dem rechten Daumen das rechte Nasenloch zuhalten, tief durch die Nase einatmen. Anschließend das linke Nasenloch mit dem Ringfinger der rechten Hand zuhalten, den Daumen loslassen und langsam durch das rechte Nasenloch ausatmen. Sie werden merken: Schon nach zehn Minuten kommen Sie wunderbar zur Ruhe, die Gedanken hören auf zu kreisen.

Natürlich können Sie auch mit Yoga oder Qi Gong beginnen sowie regelmäßig meditieren. Genießen Sie das Hier und Jetzt – und atmen Sie sich glücklich.

MEDITIEREN MACHT GLÜCKLICH

„Meditation verleiht uns inneren Frieden, der aus der Stille des Geistes hervorgeht", erklärt Tenzin Gyatso, der den meisten wohl eher als Dalai Lama und geistiges und politisches Oberhaupt der Tibeter bekannt ist. Buddhistische Mönche und Yogis wissen es schon lange, nun ist es auch wissenschaftlich erwiesen: Meditieren hilft uns nicht nur, Stress abzubauen und gelassener zu werden – es macht uns außerdem richtig glücklich.

„Einfach still dasitzen und bewusst atmen soll mich glücklich machen?", fragen Sie sich jetzt vielleicht etwas skeptisch. Ja, das tut es. Glauben Sie mir, Meditation kann viel mehr, als Sie sich im Moment vorstellen können. Probieren Sie es doch einfach aus.

Der Einstieg ist ganz einfach, Sie brauchen dafür weder Sportschuhe noch Schweißbänder oder eine Eintrittskarte. Nicht mal schönes Wetter. Setzen Sie sich ruhig hin, am besten ganz entspannt im Schneidersitz, richten Sie die Wirbelsäule auf und schließen Sie Ihre Augen. Nehmen Sie Ihren Atem ganz bewusst wahr, denken Sie an nichts. Ja, genau darum geht es. Um nichts. Gar nichts.

Vergessen Sie Ihre Ängste, Sorgen, Sehnsüchte und Wünsche. Steigen Sie einfach aus der Achterbahn Ihrer Gefühlswelt aus. Tauchen Sie dafür in den ruhigen Strom Ihres Atems ein und lassen Sie Ihre Gedanken einfach vorbeiziehen.

„Das klingt ja ganz einfach", sagen Sie jetzt vielleicht. Ja, das tut es. Aber leider ist es gar nicht so einfach, wie es sich anhört. Anfangs gelingt es Ihnen vielleicht nur einige Sekunden, eine Minute vielleicht, einen Augenblick. Doch Übung macht bekanntlich den Meister, das ist auch beim Meditieren nicht anders. Wir sind es gewohnt, immer sofort etwas zu erwarten, wenn wir etwas tun. Vergessen Sie einmal Ihre Erwartungen – und lassen Sie die Meditation einfach zu sich kommen. Integrieren Sie diese am besten in Ihren Alltag, gönnen Sie sich täglich einige Zeit der Stille und Achtsamkeit.

Es lohnt sich. „Unser Gehirn kann durch die Meditation lernen, zur Ruhe und Konzentration zu kommen", erklärt Meditationsforscher Ulrich Ott. „Nach einiger Übung tauchen zwar immer noch Gedanken auf, aber man kann sie angucken und wieder ziehen lassen ..." Diese können so nicht mehr auf den Körper wirken, es werden zum Beispiel keine Stresshormone mehr ausgeschüttet. Wir kommen zur Ruhe. Und erkennen irgendwann, dass alles – die Angst, die Selbstzweifel, die negativen Erwartungen – eben einfach nur Gedanken sind. Sonst nichts. Wir haben gar keinen Grund mehr, nicht glücklich zu sein.

DIE SACHE MIT DEN PAPIERBOOTEN

„Der Pessimist klagt über den Wind, der Optimist hofft, dass er dreht, der Realist richtet das Segel aus", soll der britische Historiker Sir William Ward einmal gesagt haben. Segel haben Papierboote zwar nur äußerst selten, dennoch sind sie wunderbar geeignet, um uns von belastenden Gedanken zu befreien. Vielleicht könnte man auch sagen: „Der Unglückliche klagt über seine Sorgen, der Glückliche setzt diese auf ein Papierboot und lässt sie einfach davonschwimmen."

Vielleicht gehören Sie auch zu denen, die in Ihrer Kindheit gerne Boote aus Papier oder Karton gefaltet haben und auf dem Bach oder Fluss schwimmen ließen. Dann tun Sie sich noch leichter mit der folgenden Achtsamkeitsübung, die Abstand von trüben Gedanken gewinnen lässt. Diese funktioniert so: Suchen Sie sich einen bequemen Platz, schließen Sie die Augen oder schauen Sie auf einen Punkt auf dem Boden vor sich.

Nun stellen Sie sich einen langsam fließenden Fluss vor, lassen Sie diesen vor Ihrem inneren Auge entstehen und sehen ihn sich in Ruhe an.

Langsam können Sie erkennen, dass kleine gefaltete Papierboote in verschiedenen Farben auf dem Wasser schwimmen. Jedes davon stellt einen Ihrer Gedanken dar. Lassen Sie sich Zeit und versuchen Sie nun, Ihre aufkommenden Gedanken zu greifen und diese jeweils auf eins der Papierboote zu setzen.

Wenn Sie zum Beispiel denken „Ich glaube nicht, dass mir doofe Papierboote wirklich helfen können", setzen Sie diesen Gedanken auf ein Boot. Oder Sie bemerken die Sorge, dass Sie schon wieder nicht alles schaffen, was Sie sich vorgenommen haben. Diese setzen Sie auf ein anderes Boot. Auf diese Weise benennen Sie nun alles, was Ihnen gerade durch den Kopf geht, und setzen es auf ein Boot.

Anschließend lassen Sie die Papierboote mit Ihren Gedanken auf dem Fluss langsam davonziehen. Nehmen Sie sich ruhig die Zeit, die dafür nötig ist. Wenn Sie die Augen öffnen, merken Sie wahrscheinlich, dass Sie lästige Gedanken und Sorgen besser loslassen können.

Ach ja: Wenn Sie gar nicht mehr wissen, wie Papierboote aussehen, können Sie natürlich auch gerne mal wieder welche falten. Denn mehrere Studien belegen auch, dass Basteln glücklich macht. Wenn Papierboote da mal nicht doppeltes Glück sind.

NEIN IST EIN GANZER SATZ

„Die Fähigkeit, das Wort Nein auszusprechen, ist der erste Schritt zur Freiheit." Was der französische Dramatiker Nicolas Chamfort schon vor über zwei Jahrhunderten erkannte, ist heute aktueller denn je. Sagen Sie doch wieder öfter Nein – und gleichzeitig Ja zu sich selbst und Ihrem ganz persönlichen Glück.

„Könntest du später noch die Abrechnung machen? Ich müsste heute eher los." „Könntest du mir am Wochenende beim Umzug helfen? Es dauert auch nicht lange." „Wäre es möglich, dass wir übermorgen die Schicht tauschen? Ich bin nämlich zu einem Geburtstag eingeladen." „Wärst du so lieb und würdest mir etwas aus der Stadt mitbringen? Ich schreib dir alles auf …" „Ich bräuchte dringend jemanden, der am Samstag auf die Kinder aufpasst. Würdest du vielleicht …?"

> »Man muss lernen, Nein zu sagen. Das nützt einem mehr, als Latein lesen zu können.«
>
> *Charles Haddon Spurgeon, Baptistenprediger*

Sagen Sie auch viel zu oft Ja, obwohl Ihnen gerade mehr nach einem Nein zumute wäre? Gehören Sie auch zu den Menschen, die immer und überall zur Stelle sind und jedem helfen, obwohl Sie eigentlich selbst dringend etwas Ruhe bräuchten? Die meisten wurden nun mal so erzogen: Wir sollen anderen Menschen helfen, wenn sie diese Hilfe brauchen. Dagegen ist grundsätzlich auch nichts einzuwenden. Und anderen zu helfen, kann durchaus glücklich machen.

Zum Problem und Glückskiller wird das jedoch dann, wenn Sie das Wort „Nein" schon fast aus Ihrem Wortschatz gestrichen haben. Wenn Sie Ihre eigenen Bedürfnisse immer wieder hinten anstellen, damit die anderen ja positiv von Ihnen denken. Sie machen Überstunden, während der Kollege immer vor Ihnen die Firma verlässt? Sie werfen wieder mal Ihre Pläne fürs Wochenende über den Haufen, weil ein Freund oder Kollege Ihre Hilfe braucht? Hören Sie auf damit.

Machen Sie sich bewusst: Nicht nur die Bedürfnisse der anderen sind wichtig, sondern auch Ihre eigenen. Seien Sie selbstbewusst genug, Grenzen zu setzen. Nein sagen dürfen Sie übrigens nicht nur zu Ihren Mitmenschen, sondern auch zu schlechten Gewohnheiten, die Ihnen nicht guttun, zu Konsum- und Gruppenzwang oder zu „gut gemeinten" Geschenken und Angeboten.

Denn es ist allein Ihre Entscheidung, was Sie wann und für wen tun – und was nicht. Rechtfertigen müssen Sie sich dafür nicht. Denken Sie immer daran: Nein ist ein ganzer Satz.

DIE FREUDE, ETWAS ZU VERPASSEN

Lifestyle-Trends scheinen derzeit nur so aus dem Nichts aufzutauchen. Fast schon täglich wird wieder ein neues Konzept erfunden, das unser Leben besser, gesünder oder entspannter machen soll. Lohnt es sich wirklich, sich mit jedem neuen Trend zu beschäftigen? Sicherlich nicht. Aber ab und zu taucht dann doch ein Begriff auf, der eine nähere Betrachtung durchaus verdient. Einer davon ist JOMO, kurz für „joy of missing out". Oder ins Deutsche übersetzt: die Freude, etwas zu verpassen.

„Was soll das denn schon wieder sein?", fragen Sie nun vielleicht, während Sie gerade dabei sind, durch die Feeds der sozialen Netzwerke zu scrollen, um das scheinbar so aufregende Leben der anderen zu beobachten. „Wow, der Stefan ist schon wieder auf Mauritius", denken Sie dann. Oder: „Das muss ja eine Wahnsinnsparty gewesen sein. Warum gehe ich eigentlich nicht öfter aus?" Sie staunen mal wieder über die Aktivitäten der anderen, Ihr Leben scheint Ihnen dagegen ziemlich langweilig zu sein.

Wenn das tatsächlich so ist, erleben Sie gerade das Gegenteil von JOMO – nämlich FOMO, kurz für „fear of missing out", die Angst, etwas zu verpassen. Und die macht natürlich alles andere als glücklich. Längst gibt es zahlreiche Studien, die aufzeigen, dass zu viel Zeit am Smartphone zu Depressionen und Ängsten führen kann. Grund genug also, das Teil öfter einmal auszuschalten, sich dem Internet zu entziehen und das Hier und Jetzt zu genießen – und zwar ganz analog.

Denn seien Sie mal ehrlich: Müssen Sie wirklich die ganzen Bilder der anderen sehen? Nein. Sie müssen auch nicht permanent etwas Neues oder Aufregendes erleben, um glücklich zu sein. Werden Sie lieber JOMO-Anhänger. Genießen Sie ruhig entspannt Ihren Abend auf dem Sofa und schauen Sie Ihre Lieblingsserie, wenn Ihnen gerade danach ist. Lassen Sie sich von den grenzenlosen Möglichkeiten, die Ihnen das Internet täglich aufzeigt, einfach nicht länger stressen.

Schalten Sie ganz bewusst einen Gang runter und überlassen Sie das Leben auf der permanenten Überholspur getrost den anderen. Denn nicht immer ist alles so bunt und wunderbar, wie es auf den geposteten Fotos aussieht. Schließlich werden meistens nur die tollen Momente online gestellt, die anderen 23,5 Stunden des Tages, der vielleicht alles andere als schön war, bleiben im Netz unsichtbar.

Nehmen Sie sich also ruhig genug Zeit zum Entspannen, Nachdenken und Nichtstun. Verbringen Sie auch mal Zeit mit sich alleine, trauen Sie sich „Nein" zu sagen, wenn Ihnen nicht nach Gesellschaft oder einer bestimmten Veranstaltung ist. Und lassen Sie getrost alle Lifestyle-Trends links liegen.

Naja, außer vielleicht, wenn es um JOMO geht. Denn die Freude, etwas zu verpassen, macht tatsächlich ganz schön glücklich.

MEHR MITFREUDE

„Ein wirklich glücklicher Mensch findet keinen Gefallen am Schaden anderer", sagte Sonja Lyubomirsky, eine weltweit renommierte Forscherin zum Thema Glück, einmal in einem Interview. „Leider ist diese Erkenntnis nicht sehr weit verbreitet. Alle kennen das Wort Schadenfreude, niemand kennt das jiddische Wort Shep Naches. Das bedeutet, glücklich für jemand anderen zu sein."

Auch im Buddhismus kennt man dieses Konzept, die Freude über das Glück anderer wird hier Mudita genannt. Es bedeutet das Gegenteil von Neid, Eifersucht und Gier. „Geteiltes Glück ist doppeltes Glück", heißt es auch in einem Sprichwort so schön. Warum freuen wir uns also nicht einfach öfter mit, wenn jemand die Liebe seines Lebens gefunden, seinen Traumjob bekommen oder einen Wettbewerb gewonnen hat?

Der Grund ist, dass wir uns viel zu oft mit anderen vergleichen, uns aus der Perspektive derer betrachten und so unsere eigenen Grenzen erkennen. Doch ist es wirklich so schlimm, dass wir nicht auch alles genauso bekommen und hinbekommen? Schließlich ist der Weg jedes einzelnen Menschen auf der Welt einzigartig und unwiederholbar.

Mitfreude ist nicht nur ein wahnsinnig schönes Gefühl, sondern hat außerdem eine erstaunliche Wirkungskraft. Sie beruhigt den Geist und schafft Frieden. Und sie verdrängt negative Gefühle wie Enttäuschung, Bitterkeit oder Frustration. Deswegen sollten wir uns in Zukunft freuen, wenn jemand das bekommt, was wir uns auch schon lange wünschen. Wenn der Kollege befördert wird oder der Nachbar im Lotto gewinnt. Oder wenn wir ein glückliches, verliebtes Paar treffen.

Klar, ganz von selbst geht das nicht. Wir müssen unsere Mitfreude bewusst kultivieren. Probieren Sie es einfach mal aus: Denken Sie an einen lieben Freund und an eine Situation, in der er sich so richtig über etwas freut. Richten Sie Ihre Mitfreude auf ihn, denken Sie sich etwa: „Oh, wie glücklich er aussieht. Wie schön das ist!" Spüren Sie schon dieses positive Gefühl? Denn auch hier gilt: Auf was man seine Aufmerksamkeit lenkt, das verstärkt man auch im eigenen Leben.

Voraussetzung ist hier nur die richtige Perspektive. Doch diese lohnt sich. Denn sich über das Glück anderer zu freuen, das macht auch uns selbst glücklich.

CHANCEN NUTZEN

„Glückskinder sind Menschen, die hellwach und offen sind und die täglichen Chancen erkennen", sagt Hermann Scherer so schön. „Sie haben ein Gespür für die großartigen Möglichkeiten, die sich uns allen tagtäglich bieten." In seinem Buch „Glückskinder" beschäftigt sich der Coach vor allem mit der sogenannten Chancenintelligenz. Gemeint ist damit die Fähigkeit, Chancen zu erkennen und diese auch zu nutzen.

Viele von uns haben leider diesen ganz besonderen Chancenblick verloren. Statt gute Gelegenheiten zu sehen, machen wir meistens lieber strukturierte Pläne. Diese arbeiten wir dann stur ab, ohne auch nur einmal nach links oder rechts zu schauen. Und verpassen so oft das Beste.

» Versuchungen sollte man nachgeben. Wer weiß, ob sie wiederkommen. «

Oscar Wilde, Schriftsteller

„Chancen liegen nie in der Zukunft, sie pfeifen auf Regeln und sie sind so alltäglich wie das Leben", so Scherer. Lassen Sie uns also endlich damit aufhören, mit Scheuklappen durchs Leben zu gehen, die wir uns selbst aufgesetzt haben. Denn wir müssen nicht immer dem geraden und schnellsten Weg folgen, nur weil wir das irgendwann einmal so geplant haben. Wir können auch jederzeit abbiegen, wenn sich eine gute Gelegenheit bietet.

Stellen Sie sich nur einmal eine Autofahrt von A nach B vor. Wir haben die Wahl: Entweder wir entscheiden uns für die schnellste Strecke auf der Autobahn und rasen mit 200 km/h los – oder wir fahren gemütlich in einem Cabrio auf der Landstraße, lassen uns die Sonne ins Gesicht scheinen, genießen die Fahrt und halten auch mal an, wenn wir etwas Schönes auf der Strecke entdecken.

Sie müssen zugeben: Entspannter und mit vielen neuen Eindrücken kommen wir dann an, wenn wir uns für die zweite Möglichkeit entscheiden. Warum denken wir also immer noch, unser Leben müsse einem von uns ausgearbeiteten Plan folgen? Fakt ist: Es bietet sich jeden Tag eine Unmenge an neuen Möglichkeiten und wir haben immer wieder die Chance, die Geschichte unseres Lebens neu zu schreiben, wenn uns danach der Sinn steht. „Schließt sich eine Tür, öffnet sich eine andere", sagt nicht umsonst ein Sprichwort.

Und schon Benjamin Franklin, Gründervater der Vereinigten Staaten, wusste: „Menschliches Glück stammt nicht so sehr aus großen Glücksfällen, die sich selten ereignen, als vielmehr aus kleinen glücklichen Umständen, die jeden Tag vorkommen." Wichtig ist eben nur, dass wir diese auch erkennen.

DIE QUAL DER WAHL

Den Kaffee mit Milch und Zucker? Oder doch lieber einen Cappuccino? Vollkornsemmel oder Brezel? Honig oder Marmelade? Oder doch lieber Nutella? Müsli mit Obst oder ohne? Mit Milch oder mit Joghurt? Es fängt schon am frühen Morgen an. Schon beim Frühstück müssen wir eine Vielzahl von Entscheidungen treffen. Möglichst schnell, versteht sich, schließlich wollen wir ja nun wirklich nicht zu spät zur Arbeit kommen.

Rund 100 000 Entscheidungen treffen wir laut Statistik täglich – und meist wird das umso schwerer, je länger wir uns dabei Zeit lassen. „Es ist besser, unvollkommene Entscheidungen durchzuführen, als beständig nach vollkommenen Entscheidungen zu suchen, die es niemals geben wird", erkannte der französische Staatsmann Charles de Gaulle einmal ganz richtig. Abgesehen davon, dass wir diese Zeit, die wir oftmals damit verbringen, nach der perfekten Lösung zu suchen, meistens viel besser nutzen könnten.

Überlegen Sie auch häufig viel zu lang, um zu entscheiden, was Sie heute für das Abendessen einkaufen sollen? Welche Extras das neue Auto braucht und welche nicht? In welcher Farbe Sie das Haus streichen wollen? Ob es Sinn macht, sich einen neuen Rasenmäher zu kaufen? Der Überfluss unserer modernen Zeit ist nicht immer ein Segen. Manchmal bekommt man sogar fast das Gefühl, er treibt manche Menschen nicht nur in eine wahnwitzige Suche nach dem Perfekten, sondern auch immer öfter fast in den Wahnsinn.

» Wir sind unsere Entscheidungen. «

Jean Paul Sartre, Philosoph

Damit kann jedoch schnell Schluss sein. Nämlich dann, wenn wir einfach akzeptieren, dass unser Leben gar nicht unbedingt perfekt sein muss. Denn Monsieur de Gaulle hat tatsächlich recht: Die vollkommene Entscheidung gibt es nicht. Lassen Sie uns doch lieber beschließen, öfter auf unser Bauchgefühl zu hören. Sie spüren ein Kribbeln im Magen, einen Kloß im Hals oder ein befreites Gefühl in der Brust? Diese Zeichen des Körpers kommen nicht von ungefähr, und Sie sollten sie keineswegs ignorieren. Denn unser Bauchgefühl liegt meistens richtig.

Ein Entschluss kann noch so logisch erscheinen – wenn er uns aber Bauchschmerzen bereitet, kann er nicht gut sein.

„Ach, hätte ich nur gleich auf meinen Bauch gehört." Wann haben Sie das zum letzten Mal gesagt? Bestimmt ist das noch gar nicht so lange her. Denken Sie das nächste Mal daran, wenn Sie wieder eine wichtige Entscheidung treffen müssen. Und denken Sie auch daran: Weniger ist dann doch meistens mehr.

Wer sich einmal dafür entscheidet, auf Überflüssiges zu verzichten, hat sich schon jetzt viele unnötige Entscheidungen für die Zukunft gespart. Und damit viel Zeit. Zeit, die Sie besser damit verbringen sollten, glücklich zu sein.

DIE KUNST DES AUFGEBENS

„Ich kann nicht mehr." „Der Traum ist ausgeträumt." „Das Ziel ist unrealistisch." Es gibt Situationen im Leben, in denen wir uns entscheiden müssen, ob wir nun weitermachen oder besser aufgeben. „Wer loszulassen vermag, siegt noch, wo er aufgibt", schreibt Aphoristiker Peter Rudl. Und tatsächlich kann manchmal das Aufgeben die bessere Option sein und richtig glücklich machen.

Doch zunächst ist es wichtig, den Mut aufzubringen und sich für das Loslassen von ursprünglichen Zielen oder Projekten zu verabschieden. Denn das Aufgeben wird in unserer Gesellschaft meistens nicht sehr geschätzt. Wer erfolgreich sein will, muss durchhalten, dranbleiben, darf nicht lockerlassen. Sonst gilt man schließlich als Verlierer. Meistens vergessen wir jedoch dabei, dass es manchmal tatsächlich klüger und besser für unser Seelenleben ist, wenn wir ein bestimmtes Ziel loslassen.

Das heißt natürlich nicht, dass es gut ist, immer gleich die Flinte ins Korn zu werfen. Doch in bestimmten Lebensphasen ist es nötig, uns Freiräume zu schaffen, uns umzuorientieren oder neue Vorhaben anzugehen, da die alten nicht mehr zu uns passen oder eben keinen Sinn mehr machen.

„Natürlich ist Ausdauer wichtig", erklärt die Psychologieprofessorin Veronika Brandstätter, die das Aufgeben von Zielen erforscht. „Sie ist die Grundvoraussetzung jeglichen Lernens. Alles, was wir können, haben wir nur gelernt, weil wir ausdauernd waren und auch bei Schwierigkeiten drangeblieben sind." Dennoch sei Ausdauer nur die eine Seite der Medaille, man könne auch zu viel Durchhaltevermögen haben. „Wenn jemand an einem Ziel klebt, obwohl es ihn immer wieder überfordert und seine Kräfte übersteigt, dann ist das kontraproduktiv."

Die Folge: Frustrationen und depressive Verstimmungen. Denken Sie einmal in Ruhe nach. Sicher fallen Ihnen auch Situationen in Ihrem Leben ein, in denen Sie gedacht haben: „Es wäre besser gewesen, wenn ich mich früher für das Aufgeben entschieden hätte. Dann hätte ich meine Energie in etwas Sinnvolleres stecken können ..."

Tatsächlich halten die Psychologen das Aufgeben inzwischen für eine wichtige Fähigkeit, die uns im Leben voranbringen kann. Manchmal lohnt es sich einfach nicht, einem ausgeträumten Traum hinterherzulaufen, ein Ziel zu verfolgen, das gar nicht zu einem passt, sinnlos Energie an ein Projekt zu verschwenden, das gar nicht erfolgreich sein kann.

Dann ist es wichtig, den Mut zum Aufgeben zu finden und sich neu zu orientieren. Sie haben ein ungutes Bauchgefühl, fühlen sich überfordert, unter Druck gesetzt und frustriert? Dann fragen Sie sich in Ruhe: Macht es Sinn, dieses Ziel weiterzuverfolgen? Macht es mich tatsächlich glücklich? Wenn Sie beide Fragen mit Nein beantworten, dann lassen Sie los. Trauen Sie sich ruhig, es ist schließlich Ihr Leben.

WAS UNS GANZ ALLGEMEIN

GLÜCKS-BEDINGUNGEN LAUT UNO

- *mindestens 2.500 Kalorien pro Tag*
- *ein Wasserverbrauch von 100 Litern am Tag*
- *mindestens sechs Quadratmeter Wohnraum*
- *ein Platz zum Kochen*
- *eine sechsjährige Schulbildung*

GLÜCKLICH MACHT

WICHTIGE FAKTOREN LAUT GLÜCKSFORSCHUNG

- *eine stabile Beziehung*
- *Freundschaft*
- *Geselligkeit*
- *Gesundheit*
- *ein Beruf, der den eigenen Fähigkeiten entspricht*
- *ausreichend Geld zur Erfüllung der Grundbedürfnisse*

QUELLENNACHWEIS

S. 18 Weisshaar Bertram: Einfach losgehen: Vom Spazieren, Streunen, Wandern und vom Denkengehen, Eichborn Verlag (2018).

S. 20 Li, Quing: Die wertvolle Medizin des Waldes, Rowohlt Verlag (2018).

S. 25 Smart, Andrew: Öfter mal auf Autopilot. Warum Nichtstun so wichtig ist, Goldmann Verlag (2014).

S. 25 Hodkinson, Tom & Kieran, Dan: Das Buch der hundert Vergnügungen, Verlag Rogner & Bernhard (2013).

S. 26 Müller-Ullrich, Burkhard: MARCO POLO Reiseführer Balkonien, MairDumont (2009).

S. 29 Hodkinson, Tom & Kieran, Dan: Das Buch der hundert Vergnügungen, Verlag Rogner & Bernhard (2013).

S. 52 Wiking, Maik: Hygge – ein Lebensgefühl, das einfach glücklich macht, Bastei Lübbe Verlag (2016).

S. 63 Humphreys, Alastair: Microadventures, HarperCollins UK (2014).

S. 76 Klein, Stefan: Die Glücksformel, Rowohlt Verlag (2002).

S. 82 Kondo, Marie: Das magische Aufräumbuch: Loslassen, Ordnung schaffen, durchatmen, Naumann & Göbel (2018).

S. 105 Rosa, Hartmut: Beschleunigung und Entfremdung, Suhrkamp Verlag (2013).

S. 131 Lutz, Barbara: Atmen in Balance: Gesundheit, Entspannung und innere Kraft, Knaur MensSana HC (2014).

S. 146 Scherer, Hermann: Glückskinder: Warum manche lebenslang Chancen suchen – und andere sie täglich nutzen, Campus Verlag (2011).

BILDNACHWEIS

S. 5 Nina Schütz
S. 160 Evi Wagner

Folgende Bilder sind aus *stock.adobe.com:*

S. 8 Kateryna Kovarzh
S. 12 Rawpixel.com
S. 13 istry
S. 14/15 Romolo Tavani
S. 17 AV
S. 18 Лена Полякевич
S. 19 Christoph Walter
S. 20, 21 prosign
S. 22 Nelos
S. 23 Chinnapong
S. 24 drubig-photo
S. 27 annanahabed
S. 28 Dasha Petrenko
S. 30 sawitreelyaon
S. 31 simona
S. 33 littleny
S. 37 bnenin
S. 38/39 meteo021
S. 40 Юлия Завалишина
S. 42 Maridav
S. 43 Basicdog
S. 44 Konstantin Yuganov
S. 46/47 Belish
S. 48 Mareen Vandelay
S. 50 mashiki
S. 55 astrosystem
S. 58 Mila Supinskaya
S. 61 Mila Supinskaya
S. 63 Maridav
S. 64 Artem
S. 65 Spectral-Design
S. 67 BOOCYS
S. 68/69 Ralf Geithe
S. 71 Ruben Chase
S. 72 Nelos
S. 74 Alexey Wraith
S. 77 Dudarev Mikhail
S. 78 chartphoto
S. 81 Lightfield Studios
S. 83 vitaliymateha
S. 85 michalchm89
S. 86/87 Robert Kneschke
S. 90 Racle Fotodesign
S. 91 contrastwerkstatt
S. 93 detailblick-foto
S. 94 B@rmaley
S. 99 Nitr
S. 101 Khunatorn
S. 104/105 Volodymyr
S. 106/107 nenetus
S. 109 Anke Thomass
S. 110/111 Orlando Florin Rosu
S. 112 sewcream
S. 114 LStockStudio
S. 116 New Africa
S. 119 sonyachny
S. 122/123 ArTo
S. 124 misskaterina
S. 127 Xavier Lorenzo
S. 128/129 Fahkamram
S. 130 Stefan Werner
S. 133 Song_about_summer
S. 134/135 Jenny Sturm
S. 136/137 Marco Martins
S. 138 Björn Wylezich
S. 140/141 Evrymmnt
S. 144/145 Davide Angelini
S. 147 Romolo Tavani
S. 148 losangela
S. 151 allvision
S. 152/153 simona
S. 156/157 cppzone

DANK

Ich danke meinen wunderbaren OWZ-Lesern, die mich erst auf die Idee gebracht haben, aus meinen Glückskolumnen ein Buch zu machen. Ein großer Dank geht auch an meine Familie und meine Freunde, die mich immer wieder erleben lassen, wie sich Glück anfühlt.

Amberg im September 2022